시원스쿨 SPA

송지원
시원스쿨어학연구소

현대 · 기아자동차그룹 입사 · 승진 대비

현대그룹사
**SPA 강사 출신
저자 집필**

시원스쿨 **LAB**

시원스쿨
SPA

초판 1쇄 발행 2020년 4월 3일
초판 9쇄 발행 2024년 6월 12일

지은이 송지원, 시원스쿨어학연구소
펴낸곳 (주)에스제이더블유인터내셔널
펴낸이 양홍걸 이시원

홈페이지 www.siwonschool.com
주소 서울시 영등포구 영신로 166 시원스쿨
교재 구입 문의 02)2014-8151
고객센터 02)6409-0878

ISBN 979-11-6150-332-5
Number 1-110303-18021800-02

Preface

안녕하세요, 영어 스피킹 전문 트레이너 송지원입니다.

시원스쿨을 통해 이번에는 여러분들을 SPA로 만나 뵙게 되었네요.
반갑습니다.

SPA 시험은 TOEIC SPEAKING이나 OPIc과 같은 타 영어 말하기 시험에 비해 모두에게 공개 되어있는 시험이 아닙니다. 그러므로, 조금은 생소하게 느끼실 수도 있고, 어떻게 시험을 효과적으로 준비할 수 있을지에 대해 걱정하실 수도 있어요. 하지만, 전혀 걱정하지 않으셔도 됩니다. 다행히도, 여러분들에겐 제가 있지요. 저는 SPA 시험에 대한 수많은 응시 경험과 다년간의 문제 분석을 통해 터득한 저만의 SPA 노하우와 고득점을 위한 지름길을 공유해 드림으로써, 여러분들이 목표 점수를 전략적이고 효과적으로 획득할 수 있도록 도움을 드릴 수 있습니다.

SPA는 11분 내외의 짧은 시간에 진행되는 말하기 시험으로, 각 파트당 다양한 요구사항이 있습니다. 그렇기에 단순히 말만 잘한다고 해서 고득점이 나올 수 있는 시험이 아니지만, 영어 말하기에 조금 약하더라도 효과적이고 체계적인 전략만 있다면 충분히 목표 레벨을 획득할 수 있습니다.

결론부터 말씀 드리자면, SPA 시험에서 고득점을 획득하기 위해서는 두가지가 선행되어져야 합니다.

1   기본적인 말하기 능력
2   각 파트가 요구하는 요구사항을 제대로 파악하고 수행 할 수 있는 능력

저는 다년간 온/오프라인 강의를 통해 SPA를 비롯해 영어 말하기 시험을 목표로 하고 계신 수많은 학습자분들과 함께 해왔습니다. 그러기에, 아주 많은 학습자분들이 영어 말하기로 인해 고통받고 어려움을 겪고 계시다는 점을 누구보다 잘 알고 있으며, 고도의 시험 분석과 끊임없는 연구로 많은 학습자분들이 원하는 점수를 얻지 못하는 건지, 영어 말하기는 왜 여전히 정복할 수 없는 어려움의 대상이어야만 하는 건지에 대한 정확한 답 또한 알고 있습니다.

자신있게 말씀드립니다. SPA 시험에서 요구되는 말하기 실력과 능력은 제가 만들어 드릴테니 여러분은 그저 저만 믿고 열심히 따라와 주실 자세와 자신감만 준비하시기 바랍니다.

끝으로, 제게는 감사할 분들이 많이 있습니다. 우선, 물심양면 여러모로 도와 주시는 신승호 이사님, 그리고 최고의 SPA 도서와 강의를 위해 밤낮으로 애써주시고, 힘든 일정속에서도 처음부터 끝까지 함께 힘써주신 홍지영 파트장님과, 그 외 도와 주신 모든 분들께 진심으로 감사드립니다. 마지막으로, 항상 제 곁에서 조건 없는 사랑과 격려를 보내주는 우리 가족과, 제 영원한 버팀목 하나님께 진심으로 감사의 말씀을 올립니다.

송지원 드림

이 책의 특장점

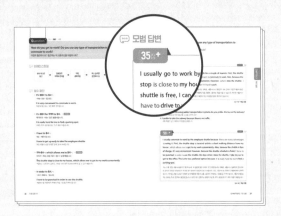

한 권으로 끝내는 SPA

일상 회화에 필요한 기초 문법부터 SPA의 기본 이론 및 실전문제를 수록하였습니다. 목표 레벨별 답안까지 한 권에 모두 제시하여 한 권으로 누구나 목표 점수를 달성 할 수 있습니다. 또한, 누구나 하루 5-6문장 학습으로 35점부터 50점이상까지 획득할 수 있습니다.

송쌤의 꿀팁

다년간의 현장강의와 분석으로 스피킹 영역에서의 숙련된 노하우를 가진 영어 스피킹 전문 트레이너로서, SPA에서 고득점을 받기 위해 유의해야 할 점이나 꿀팁들을 제공합니다.

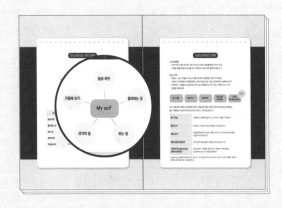

SPA 시험 실제 경험을 바탕으로 한 차별화된 전략

SPA 시험에 실제 출제되었던 빈출문제유형과 기출 포인트를 바탕으로 단기간에 원하는 레벨을 효과적으로 획득할 수 있는 전략 제시합니다.

말하기의 기본, 필수어법

SPA는 영어 말하기를 평가하는 도구이며, 문법은 중요하게 평가되는 영역 중 하나입니다. 따라서, 말을 하는데 반드시 알아야 하는 필수 어법을 알맞은 어법으로 자연스럽게 이야기를 풀어나갈 수 있도록 하여 SPA에서 목표 레벨을 누구보다 쉽고 빠르게 달성할 수 있습니다.

파트별 필수 패턴 제공

SPA는 파트별로 요구하는 바가 비교적 정확합니다. 때문에, 기초가 부족해도 걱정 없는 파트별 핵심 전략 및 패턴을 제공하여 어렵지 않게 각 파트에 대처할 수 있습니다. 또한, 어떤 문제가 나와도 활용가능 한 말하기 필수 패턴을 제공하여 영어 말하기 능력이 전반적으로 향상될 수 있습니다.

저자 직강 유료 온라인 강의

시원스쿨 SPA 도서의 체계적인 학습을 위해 저자 직강 온라인 강의를 제공합니다. 자세한 정보는 시원스쿨 LAB 사이트를 확인해 주세요.
MP3 음원 및 도서 구매 독자들에게만 제공되는 실전모의고사 2회분 저자 무료 해설 특강도 시원스쿨 LAB 사이트를 참고해 주세요. (lab.siwonschool.com)

학습 플로우 한 눈에 보기

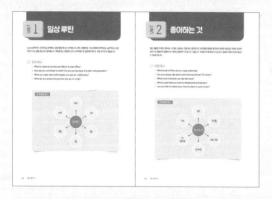

문제 출제 범위 & 문제 예시

빈출 주제에 따른 예상 질문을 파악합니다.

브레인스토밍 & 필수 패턴

빈출 주제에 따른 예상 질문의 브레인스토밍을 해보고
필수 패턴을 학습합니다.

모범 답변 (35+, 50+)

35+, 50+ 답변을 제공하여 원하는 점수에 맞춰 답변을
골라 공부함으로써, 최단기간에 가장 효율적으로 공부하여
원하는 레벨을 획득할 수 있습니다.

나만의 답변 만들기

필수 패턴/스토리라인, 모범 답안을 학습한 뒤 앞서 배운
내용을 바탕으로 나만의 답변을 만들어 소리 내어 말하는
연습을 합니다.

목표 레벨별 공부 방법

35점+ 목표

1 말하기/발화
- Keep it short and simple!
- 단순하고 간단한 문장단위로 말하는 연습하기

2 어휘/표현
- 각 파트별 필수 패턴 암기하기
- 대처할 수 있는 문제들에 대한 답변 패턴을 정확히 익히기

3 듣기
- 긴 지문 듣고 말하기 연습하기
- 노트 테이킹(note-taking)을 하지 않고 내용을 파악하는 연습을 꾸준히 하기
- 1분 내외에 비교적 짧지 않은 지문이 주어지기 때문에 평상시에 꾸준한 연습이 있어야만 실제 시험에 효과적으로 대처할 수 있음
- 지문은 총 두 번 들려주기 때문에, 첫 번째 와 두 번째 들을 때, 다른 전략 활용
- 효과적으로 요약하는 필수 패턴 암기하기

4 발음
- 자신감 있는 태도로 크게 연습하기
- 한마디라도 더 하려고 하는 태도와, 자신감 있는 자세가 시험에 전반적인 영향을 미칠 수 있으며 또한 면접관들에게도 좋은 인상을 줄 수 있음
- 발음, 억양, 강세에 주의하여 큰 소리로 연습하기

50점+ 목표

1 말하기/발화
- 문장을 길게 말하고, 문장과 문장 사이를 적당한 속도로 유창하게 말하기
- 1~3형식의 문장보다는 4~5형식의 문장을 많이 활용하기
- 간단한 문장을 and, but 으로 잇기 보다는 관계대명사 등을 이용하여 긴 문장으로 바꿔 연습하기
- 문장을 많이 말할 필요는 없지만, 한 문장을 주저하지 않고 말할 수 있도록 연습하기

2 어휘/표현
- 조금 더 심화된 표현 과 주제에 특화된 어휘 반드시 학습하기
- 도서 곳곳의 송쌤의 꿀팁을 적극 참고하기

3. 듣기
- 첫 번째 들을 때 전체적인 내용을 파악, 두 번째 들을 때에는 의미는 같지만 다른 표현으로 바꾸는 연습하기
- Chapter4의 고득점 Paraphrasing을 꼼꼼히 학습한 뒤 나만의 문장을 만드는 연습하기

4 논리적인 근거
- 주어진 주제에 대해 논리적으로 뒷받침 할 수 있는 근거 제시
- 평소에 사회적인 이슈나, 논쟁이 될 만한 이슈에 대해 나의 의견 생각해 보기

학습 플랜

35점+ 목표

⊘ 1주 완성

Day 1	Day 2	Day 3	Day 4	Day 5	Day 6	Day 7
CH1 SPA 공략 가이드 CH2 SPA 필수 문법	CH3 개인질문 □ 일상루틴/좋아하는것 □ 하는일/과거의일 □ 가정해보기	CH5 의견을 묻는 질문 □ 직장 □ 테크놀로지/의사소통 □ 사회/문화	CH5 의견을 묻는 질문 ■ 법, 환경 정책 ■ 선호도 □ 장,단점/찬성,반대	CH4 지문 요약 □ 스토리텔링1,2 □ 단순요약 1,2	CH6 그래프 묘사 ■ 바그래프 ■ 파이 그래프 ■ 라인 그래프	CH6 사진 설명 □ 묘사하기 □ 비교하기 □ 선호도 설명하기 □ 판매하기

⊘ 2주 완성

Day 1	Day 2	Day 3	Day 4	Day 5	Day 6	Day 7
CH1 SPA 공략 가이드 CH2 SPA 필수 문법	CH3 개인질문 □ 일상루틴/좋아하는것 □ 하는일/과거의일	CH3 개인질문 □ 가정해보기	CH5 의견을 묻는 질문 □ 직장 □ 테크놀로지/의사소통	CH5 의견을 묻는 질문 □ 사회/문화 ■ 법, 환경 정책	CH5 의견을 묻는 질문 ■ 선호도 □ 장단점/찬성,반대	CH4 지문 요약 □ 스토리텔링 1, 2

Day 8	Day 9	Day 10	Day 11	Day 12	Day 13	Day 14
CH4 지문 요약 □ 스토리텔링 3, 4	CH4 지문 요약 □ 단순요약 1, 2	CH4 지문 요약 □ 단순요약 3, 4	CH6 그래프 묘사 ■ 바그래프 ■ 파이 그래프 □ 라인 그래프	CH6 사진 설명 □ 묘사하기 ■ 비교하기	CH6 사진 설명 □ 선호도 설명하기 □ 판매하기	CH7 실전 모의고사 □ 실전 모의고사 1회

- 시원스쿨 SPA 필수 문법을 통해 말하기에 기본적이고 반드시 알아야 하는 어법으로 문장을 만들어 말하는 연습을 합니다.

- 도서 및 시험 순서는 개인질문-지문요약-의견을 묻는 질문-사진/그래프묘사 이지만 개인질문-의견을 묻는 질문은 답변 전략이 비슷한 문제 이므로 개인질문-의견을 묻는 질문을 연달아 연습한 후 다른 파트로 넘어가는 것을 추천합니다.

- 주제별 필수 패턴을 반드시 숙지하고, 패턴이 적용된 예문을 내 문장으로 바꾸는 연습을 하세요.

- 주제별로 활용도가 높은 문장들을 반드시 암기하고, 입에서 자연스럽게 나올 수 있을 때까지 연습합니다.

- 35점+ 까지는 아주 유창하고 어려운 표현을 사용하지 않아도 좋습니다.
  도서에 수록된 짧고 단순한 문장을 참고하여 입 밖으로 자꾸 내뱉는 연습을 하세요.

⊘ **유료 연계 강의** 시원스쿨 SPA 35+
  ▸ 동영상 강좌와 함께 학습하실 경우, 시원스쿨LAB(lab.siwonschool.com)을 참고하세요.

50점+ 목표

⊘ 1주 완성

Day 1	Day 2	Day 3	Day 4	Day 5	Day 6	Day 7
CH3 개인질문	CH5 의견을 묻는 질문	CH5 의견을 묻는 질문	CH4 지문 요약	CH6 그래프 묘사	CH6 사진 설명	CH7 실전 모의고사
□ 일상루틴/ 좋아하는것 □ 하는일/과거의일 □ 가정해보기	□ 직장 □ 테크놀로지/ 의사소통 □ 사회/문화	□ 법, 환경 정책 □ 선호도 □ 장,단점/ 찬성,반대	□ 스토리텔링1,2 □ 단순요약 1,2	□ 바그래프 □ 파이 그래프 □ 라인 그래프	□ 묘사하기 □ 비교하기 □ 선호도 설명하기 □ 판매하기	□ 실전 모의고사 1회 □ 실전 모의고사 2회

⊘ 2주 완성

Day 1	Day 2	Day 3	Day 4	Day 5	Day 6	Day 7
CH3 개인질문	CH3 개인질문	CH5 의견을 묻는 질문	CH5 의견을 묻는 질문	CH5 의견을 묻는 질문	CH5 의견을 묻는 질문	CH4 지문 요약
□ 일상루틴/ 좋아하는것 □ 하는일/과거의일 □ 가정해보기	□ 다른 빈출 주제를 필수 패턴을 활용 하여 나만의 답변 만들어 보기	□ 직장 □ 테크놀로지/ 의사소통 □ 출제 가능 문제 생각 □ 필수패턴 활용 답변 준비	□ 사회/문화 □ 법, 환경 정책 □ 출제 가능 문제 생각 □ 필수패턴 활용 답변 준비	□ 선호도 □ 장,단점/ 찬성,반대 □ 출제 가능 문제 생각 □ 필수패턴 활용 답변 준비	□ 다른 빈출 주제를 필수 패턴을 활용 하여 나만의 답변 만들어 보기	□ 스토리텔링1,2 □ 출제 가능 문제 생각 □ 필수패턴 활용 답변 준비

Day 8	Day 9	Day 10	Day 11	Day 12	Day 13	Day 14
CH4 지문 요약	CH4 지문 요약	CH4 지문 요약	CH6 그래프 묘사	CH6 사진 설명	CH7 실전 모의고사	CH7 실전 모의고사
□ 스토리텔링3, 4 □ 출제 가능 문제 생각 □ 필수패턴 활용 답변 준비	□ 단순요약 1,2 □ 출제 가능 문제 생각 □ 필수패턴 활용 답변 준비	□ 단순요약 3,4 □ 출제 가능 문제 생각 □ 필수패턴 활용 답변 준비	□ 바그래프 □ 파이 그래프 □ 라인 그래프	□ 묘사하기 □ 비교하기 □ 선호도 설명하기 □ 판매하기	□ 실전 모의고사 1회 * 시험장에 들고 가는 파트별 핵심 정리	□ 실전 모의고사 2회 * 시험장에 들고 가는 파트별 핵심 정리

■ 도서 및 시험 순서는 개인질문-지문요약-의견을 묻는 질문-사진/그래프묘사 이지만 개인질문-의견을 묻는 질문은 답변 전략이 비슷한 문제 이므로 개인질문-의견을 묻는 질문을 연달아 연습한 후 다른 파트로 넘어가는 것을 추천합니다.

■ 50점 이상 받을 확률을 높이려면, 듣고 말하기 부분(지문요약)에서 고득점을 받아야 하며, 들은 내용을 그대로 전달하는 것이 아니라 같은 뜻의 다른 여러가지 표현으로 바꾸는(패러프레징, paraphrasing) 연습이 필요합니다.

■ 잘못된 문장을 띄엄 띄엄 애매모호하게 여러번 말하는 것 보다는 하나의 문장이라도 좀 더 심화된 표현 및 어법과 적절한 속도로 말한다면 고득점을 받을 가능성이 높아집니다. 이 부분에 중점을 두어 연습하세요.

⊘ 유료 연계 강의 시원스쿨 SPA 50+

▹ 동영상 강좌와 함께 학습하실 경우, 시원스쿨LAB(lab.siwonschool.com)을 참고하세요.

Contents

CHAPTER 1 SPA 기본 정보 및 공략 가이드

CHAPTER 2 SPA 필수 문법

CHAPTER 3 개인 질문

부록   ▪ 시험장에 들고 가는 파트별 핵심 정리

한 눈에 보는 SPA

외국인 평가 위원과 2:1 면접 형태로 진행
응시자 답변에 따라 후속 질문 있을 수 있음
답변 수준에 따라 난이도 조절

13

시험 시간 13분 내외

4

문제 유형 - 비즈니스 영어 사용 능력 평가
1. 개인 질문
2. 지문 요약하기
3. 의견을 묻는 질문
4. 그래프 묘사하기 혹은 사진 설명하기

평가 항목
발음, 청취력과 답변 능력, 어휘 사용 능력, 문장
구성 능력, 언어 구사 능력

평가 방식
외국인 평가 위원 1차 평가 →
녹화된 면접 영상 2차 평가 →
시니어 평가위원 정밀평가 → 등급 산출

96

96점 만점
점수에 따라 8개의 등급으로 분류

1 SPA(Speaking Proficiency Assessment) 기본 정보

시험의 목적

SPA(Speaking Proficiency Assessment)는 실제 비즈니스 현장에서 실질적인 영어 사용 능력을 평가하기 위한 영어 말하기 시험입니다. 원어민 평가 위원이 응시자를 인터뷰하는 형태의 대면 인터뷰 방식의 영어 구술 능력 평가입니다.

시험의 구성

총 8~10개의 질문이 주어지고 아래 네 가지 문제 유형 중 2~4번 문항 순서가 변경되어 출제될 수 있습니다. 또한 각 질문의 꼬리 질문이 2개 이상 연속될 수 있습니다.

❶ 분위기 전환용 개인 질문

본격적인 시험을 시작하기 전, 딱딱한 분위기를 전환하기 위해 간단히 대답할 수 있는 개인적인 질문이 주어집니다.

❷ 지문 요약

1분 내외 길이의 지문을 두 번 듣고 요약하는 문제가 주어집니다.
지문 요약 후, 지문 주제와 관련된 추가 질문이 주어질 수 있습니다.

❸ 의견을 묻는 사회적 질문

분위기 전환용 개인 질문에 비해서 조금 더 무겁고 깊이 생각해 볼 만한 문제들이 출제됩니다. 주장을 뒷받침 할 수 있는 논리적인 이유도 함께 물어봅니다.

❹ 그래프 및 사진과 같은 그림 질문

그림 질문은 크게 그래프와 사진으로 나뉘며, 둘 중 하나가 출제됩니다. 그래프의 경우, 주어진 자료를 보고 분석 하는 것이 요구 되며 사진의 경우 비교/대조/묘사/판매 등의 다양한 문제 유형 중에 한 문제가 출제될 수 있습니다.

평가 영역

SPA는 응시자의 영어구술능력을 효과적으로 평가할 수 있도록 다양한 영역별 주제에 대한 질문들을 평가요소별 출제 기준에 맞춘 문제은행에서 출제하여 평가를 진행하게 됩니다. 질문의 내용은 비즈니스 영어회화를 중심으로 Business, Product, Work, Workplace, Jobs, Employment, Technology, Management 등 실제 비즈니스 연계 카테고리 내의 소재를 다룹니다.

Warm up	발음	청취력과 답변능력	어휘 사용 능력	문장 구성 능력	언어 구사 능력

SPA는 비즈니스 현장에서 실질적인 언어구사능력을 평가하기 위한 목적으로 개발된 시험입니다.
상세한 평가 영역은 총 5가지이며 아래와 같습니다.

❶ 발음
강세와 속도(Accent & Pace)를 가장 중요하게 봅니다.

❷ 청취력과 답변능력
주어진 지문에 대한 기본적인 청취 능력을 바탕으로 얼마만큼 정확하고 연관성 있는 답변인지를 평가합니다.

❸ 어휘사용능력
상황에 맞는 적절한 어휘 사용과 고급 단계의 구 단위로까지의 확장성을 평가합니다.

❹ 문장구성능력
기본적인 문법에 의거하여 문장 구성의 필수 요소들을 바탕으로 문장 구성의 확장성을 평가합니다.

❺ 언어구사능력
주어진 주제에 대한 본인의 생각을 얼마만큼 자연스럽고 자신 있게 논리적인 근거를 이용하여
표현할 수 있는지를 바탕으로 채점됩니다.

채점 기준

영역	채점기준	점수
발음 Pronunciation	발음, 억양, 강세, 연음을 잘 지키는가? 자연스럽고 영어다운 속도로 말하고 있는가?	12점
청취력과 답변능력 Listening Comprehension & Response Technique	주어진 지문을 정확히 파악했는가? 지문과 관련된 연관된 답변을 하고 있는가?	36점
어휘사용능력 Content and Use of Vocabulary	상황에 맞는 적절한 어휘를 사용하고 있는가? 고급단계의 어휘와 구까지 확장할 수 있는가?	12점
문장구성능력 Grammar and Common Error	기본적인 문법을 지키며 말하고 있는가? 시제를 정확히 사용하고 있는가? 다양한 문장구조를 구사하고 있는가? 형용사 및 다양한 품사를 활용하여 말하고 있는가?	24점
언어구사능력 Overall Fluency	논리적인 답변을 하고 있는가? 자신감 있고 자연스러운 대답을 하고 있는가?	12점

등급 체계

SPA는 총점을 기준으로 총 8개의 등급으로 구분되며 등급별로 의사소통 및 업무수행에 필요한 영어구술능력을 평가합니다.

Level 1 Unmeasurable Proficiency	Level 2 Rehearsed Proficiency	Level 3 Limited Proficiency	Level 4 Developing Proficiency	Level 5 Sustainable Proficiency	Level 6 Highly Proficiency	Level 7 Advanced Proficiency	Level 8 Native Proficiency

승진/주재원 시
일반적으로 가장 많이 요구되는 등급

등급	Score	요약설명
Level 8 (Native Proficiency)	85~96	언어 구사의 능숙도가 Native Speaker 수준임. 언어 제어의 완벽함과 표현의 자유로움을 보여준다. 어휘사용, 문장구조, 문법, 발음이 정확함. 완전히 연관성을 갖춘 수준 높은 어휘사용 문장구조 표현으로 정교하게 설명하여 말한다.
Level 7 (Advanced Proficiency)	75~84	언어 구사의 능숙도가 Native Speaker 수준에 근접. 다양한 상황과 문맥에 대해 잘 다듬어진 심도 있는 대답과 설명, 의견을 전달한다. 어휘 사용 문장구조, 문법, 발음에 부정확한 부분이 거의 없거나 무시해도 될 정도이다.
Level 6 (Highly Proficiency)	65~74	다양한 관련 주제에 대해 생각과 의견을 정교하게 표현할 수 있으며 질문에 효과적으로 자세하게 설명하여 답변할 수 있다. 일반적으로 이해에 지장을 만큼은 아니지만 때때로 어휘사용, 문장구조, 문법, 발음에 부정확한 부분이 있을 수 있다.
Level 5 (Sustainable Proficiency)	50~64	다양한 상황과 문맥에 걸쳐 질문 받은 내용을 이해하고 관련된 생각과 의견을 표현할 수 있지만 자세하게 설 명하는 것이 제한적일 수 있다. 정확성을 갖춘 심도 있는 답변에 필요한 적합한 어휘 선택과 복합적인 문법 구조 사용이 부족할 수 있다. 때때로 답변에 있어 어휘 사용, 문장 구조, 문법, 발음에 오류를 포함 할 수 있다.
Level 4 (Developing Proficiency)	35~49	일반적 대화 주제에 대해 기본적인 생각을 표현할 수 있고 때때로 익숙한 주제는 일부분 자세한 설명이 가능할 수도 있지만 간혹 질문 내용을 이해하지 못할 수도 있다. 답변을 하는데 있어 여전히 어휘사용 문장 구조, 문법, 발음에 오류가 있다.
Level 3 (Limited Proficiency)	25~34	제한된 문맥으로 기본적인 생각을 표현 할 수 있다. 하지만, 때때로 질문 받은 내용을 이해하지 못하거나 자신의 의견이나 주장을 충분히 뒷받침 하지 못할 수 있다. 답변을 하는데 있어 대부분의 어휘사용, 문장구조, 문법, 발음에 습관적인 오류가 있다.
Level 2 (Rehearsed Proficiency)	16~24	간단한 육하원칙 질문들에 대해 단어나 짧은 구문으로 답변을 할 수 있다. 하지만, 질문의 뜻을 완전히 이해하지 못해 주제와 관련 없는 답변을 빈번하게 할 수 있다.
Level 1 (Unmeasurable Proficiency)	0~15	질문을 파악하지 못하고 답을 하기 위한 시도를 하지 못 한다. 영어로 의사소통이 거의 불가능하여 레벨로 표시할 수 없는 단계이다.

시험 진행 순서

신분 확인 응시자 준수 사항 작성	대기실	시험장 이동	시험 응시 (약 13분 소요)

1 시험 응시자는 입실 전 SPA한국위원회의 신분확인규정에 따라 신분확인 절차를 진행한 후,
SPA응시자 준수사항을 자필로 작성합니다. 신분증 지참 필수!

2 시험 응시자는 대기실에서 SPA의 기본적인 시험 설명이 되어 있는 짧은 영상을 보며 본인의 시험 시간이 될 때까지
기다린 후, 시험장으로 이동하게 됩니다.

3 시험장에는 SPA전문평가위원 및 평가관리위원으로 구성된 2명의 면접관들이 평가영역별로 구성된 5가지 영역에 관한
질문을 미리 준비하고 있습니다. 전문평가위원은 원어민, 평가관리위원은 원어민 수준의 한국인(교포포함) 입니다.

4 시험 응시자는 약 13분 (warm-up 1분 포함)에 걸쳐 면대면 방식으로 문답을 주고받게 됩니다.

평가방식

SPA의 시험 평가는 공인된 전문 평가위원들이 3단계에 걸쳐 평가를 진행합니다.
대면 인터뷰 방식의 시험이므로 시험 현장에서 시험을 녹화합니다.

대면 인터뷰	녹화된 비디오 정밀 판독	시니어 평가위원 정밀 평가

2 목표 등급 달성을 위한 전략 1

전략1 목표점수 및 레벨을 정확히 정하자

SPA 시험은 각 영역별 점수 비중이 동일하지 않기 때문에 목표 레벨 및 점수를 정확히 정한 후
영역별 목표 점수를 설정하여 전략적으로 학습 한다면 단 기간에 고득점을 달성할 수 있습니다.

전략2 각 평가영역이 차지하는 비중을 체크하자

SPA 시험은 총 5개의 영역을 기준으로 평가하지만, 각 영역이 차지하는 비중이 다릅니다.(p.15 채점 기준 참고) 발음 영역은
96점 만점 중 12점을 차지하는 반면, 청취력과 답변 능력 영역은 96점 만점 중 가장 높은 비중인 36점 입니다. 즉, 가장 많은
비중을 차지하는 부분을 중점적으로 연습하여 가능한 한 많은 점수를 획득하는 것이 총 점수나 레벨을 높이는데 가장 효과적
입니다.

전략3 듣고 말하는 연습을 많이 하자

점수 비중이 가장 높은 청취력과 답변 능력을 중점적으로 연습하는 것이 단기간 고득점을 받을 수 있는 가장 효과적인
방법이라 할 수 있습니다. 시험 도중 노트테이킹이 불가하므로 1분 내외에 비교적 짧지 않은 지문이 주어지기 때문에, 평상시에
꾸준한 연습이 있어야만 시험에 효과적으로 대처할 수 있습니다.

전략4 준비하여 대처할 수 있는 문제들에 대한 대답 패턴을 정확히 익히자

SPA 시험의 가장 마지막 파트인 그림 파트에서는 그래프 혹은 사진으로 문제 유형이 나뉘는데, 이 2가지 유형 모두 미리
대비가 가능하다는 점 입니다. 그래프 문제 유형은 각 그래프의 종류마다 분석하는데 사용할 수 있는 기본적인 패턴들이
있으며, 사진 문제도 각 출제될 수 있는 다른 유형별 대처할 수 있는 기본적인 패턴들이 있습니다. 패턴을 제대로 사전에 익히고
연습만 해놓는 다면, 시험장에서 아무런 문제없이 대처할 수 있기 때문에 점수는 따놓은 당상이겠죠?

전략5 자신감 있는 태도를 가지자

평가 항목의 마지막 영역인 언어구사능력(Overall fluency)의 채점 기준에 자신감과 침착성(confidence & poise)라는 부분이
있습니다. 즉, 시험 응시자의 자신있는 태도 또한 평가 기준으로써 사용이 된다는 것이죠. 영어가 편하지 않고, 영어 말하기가
어려운 응시자분들이라 하더라도, 한마디라도 더 하려고 하는 태도와, 자신감 있는 자세가 응시자분들의 말하기 능력에
전체적인 영향을 미칠 수 있으며 또한 면접관들에게도 좋은 인상을 줄 수 있다는 점, 잊지 마세요!

3 목표 등급 달성을 위한 전략 2

전략6 등급체계를 적극 활용하자

등급체계를 정확히 파악합니다. SPA는 어디까지나 말하기 시험이기 때문에, 채점을 하기 위해서는 절대적인 기준이 필요합니다. 그 기준이 바로 등급 체계가 되겠습니다. 시험을 몇 번이나 봐도, 원하는 점수가 나오지 않을 때에는, 받고자 하는 레벨에서 원하는 것을 주지 못했기 때문입니다.

40점대에서 50점이상이 나오지 않는 SPA 유경험자 **혹은** **50점 이상 목표의 SPA 무경험자**	• Level 5 목표 응시자가 반드시 갖춰야 하는 능력은 정확성을 갖춘 심도 있는 답변 • 다양한 어휘를 적절하게 사용 • 주어진 문제에 대한 정확한 이해 • 40점대: 기본적인 생각 표현, 익숙한 주제에 자유로운 의사 표현 가능 • 50점대(Level 5)를 목표로 한다면 좀 더 다양한 주제에 관한 학습 필요 • 평소에 생각해 보지 않았던 사회 이슈를 생각해 보고 그 상황에 맞는 답변 연습하기 • 말을 많이 하지 않더라도 고급 표현과 문장을 오류 없이 부드럽게 말하는 연습하기
20점대에서 35점이상이 나오지 않는 SPA 유경험자 **혹은** **35점 이상 목표의 SPA 무경험자**	• 20점대 후반 – 30점대 초반 학습자: 기본적인 육하원칙 질문에 간단히 답변할 수 있는 경우가 대부분이며 심도 있는 질문에 대해서는 한계점 보임 • 35점(Level 4) 이상으로 진입하기 위해서는 문장을 조금 더 길게 말하는 연습과 주어진 문제를 정확히 이해할 수 있는 능력 필요 • 정해진 시간 안에 최대한 많이 말할 수 있도록 연습하고, 정확한 시제를 쓰도록 연습하기 • 한 문장 말하는 것이 끝나기 전에 다음 문장을 머리속에 생각해 두는 연습하기 • 어떤 순서로 말 할 것인지 브레인스토밍 하는 연습하기

전략7 시험장 전략

❶ 2번 읽어주는 지문을 전략적으로 듣기

SPA문제 중 청취력과 답변능력 파트(지문 요약하기)에서는 면접관이 지문을 2번 읽어줍니다. 첫번째 읽어줄 때에는 전체적인 내용을 이해하는 전략을, 두번째 읽어줄 때에는 문장단위로 기억에 남을 수 있도록 듣고 마음속으로 반복하며 외우는 전략을 추천합니다. 듣기가 끝난 후 바로 요약해야 할 때 마음속에 문장단위로 외워 뒀던 문장을 말하면 좋은 점수를 받을 수 있습니다.

❷ 이해가 되지 않는 부분은 면접관에게 다시 물어보기

SPA시험은 면대면으로 진행되기 때문에, 면접관의 질문 중 이해가 안 가는 사항이 있거나 모르는 부분이 있으면 다시 되물어 봐도 됩니다. 면접관에게 공손히 문제를 다시 말해달라고 해도 좋고, 이해가 안 가는 부분만 다시 물어봐도 좋습니다. 이러한 부분은 시험 성적에 전혀 영향을 주지 않으며, 제대로 이해하고 대답을 하는 것이 가장 중요합니다.

CHAPTER 2

SPA
필수 문법

- ⊘ 나에 대해 말하기
- ⊘ 일반적인 사실/반복되는 습관에 대해 말하기
- ⊘ 과거에 일어났던 일(경험) 말하기
- ⊘ 과거부터 현재까지 계속되는 일 말하기
- ⊘ 미래에 있을 일 말하기
- ⊘ 비교하여 말하기
- ⊘ 동사를 명사로 바꾸어 말하기
- ⊘ 사람/사물에 부가적인 설명을 더해 말하기
- ⊘ 시간/장소/방법/이유에 대한 부가적인 설명을 더해 말하기
- ⊘ 시간과 장소를 설명하고 문장을 길게 만들어 말하기

SPA 필수 문법

Chapter 1 SPA 시험의 기본 정보 및 목표 레벨별 공략 가이드 학습 후 본격적인 답변 연습 전 SPA에 반드시 필요한 문법과 영어 어순을 학습합니다. SPA에서 필요한 기본적인 문법을 학습하여 원하는 문장을 만들어 답변할 수 있도록 연습합니다.

나에 대해 말하기	be 동사의 종류와 시제 변화
일반적인 사실/반복되는 습관에 대해 말하기	일반동사의 현재형
과거에 일어났던 일(경험) 말하기	일반동사의 과거형
과거부터 현재까지 계속되는 일 말하기	현재완료 (진행)시제
미래에 있을 일 말하기	미래시제
비교하여 말하기	비교급과 최상급
동사를 명사로 바꾸어 말하기	동명사/to부정사
사람/사물에 부가적인 설명을 더해 말하기	관계대명사
시간/장소/방법/이유에 대한 부가적인 설명을 더해 말하기	관계부사
시간과 장소를 설명하고 문장을 길게 만들어 말하기	시간/장소 전치사, 접속사

나에 대해 말하기

be동사의 종류와 시제 변화

1

SPA는 인터뷰 형식의 시험으로 수험자의 의견과 상태에 대한 질문도 출제됩니다. 특히 첫 번째 파트의 개인적인 질문에서는 본인의 상태와 감정을 이야기할 수 있어야 하고, 이럴 때 be동사를 사용합니다. 또한 SPA 시험 전반적으로 be동사를 활용하여 답변할 수 있는 문제가 많이 출제되는 만큼 쓰임과 의미에 유의해야 합니다.

be동사(am/is/are)는 우리말로 ~(어떠)하다, ~이다, 혹은 ~있다로 해석되며, 주어의 상태를 나타내는 동사입니다. 나의 직업, 성격 혹은 시간 등과 같이 명사나 형용사와 함께 쓰여 주어의 상태를 말할 때 자주 사용됩니다.

be동사의 종류

주어	be동사
I	am
he, she, it	is
we, you, they	are

be동사의 현재형과 과거형

	be동사 (현재형) am, is, are	be동사 (과거형) was, were
긍정문	I am outgoing.	I was outgoing.
부정문	I am not outgoing.	I was not outgoing.

🎙 SPA 문장으로 말해보기

1 I am **extroverted.**
저는 외향적입니다.

2 I'm **very busy working.**
저는 일하느라 매우 바쁩니다.

3 It is **very stressful and demanding.**
그것은 매우 스트레스를 주고 부담이 큽니다.

4 I'm **satisfied with my job.**
저는 제 직업에 만족합니다.

5 I was **okay because I had such high expectations.**
저는 큰 기대를 가지고 있었기 때문에 괜찮았습니다.

2 일반적인 사실/반복되는 습관에 대해 말하기

일반동사는 주어의 행동이나 동작을 설명해 주는 동사입니다. SPA 문제 중 일반적인 루틴을 설명하거나 습관적인 활동에 대해 이야기할 때 일반동사의 현재형을 주로 사용합니다. 또한, SPA의 마지막 파트인 사진/그림 설명하기 부분에서도 대부분 현재형을 활용하여 답변을 해야 하는 만큼, 일반동사의 현재 시제에 익숙해지도록 합니다.

주어가 3인칭 단수(나와 너를 제외한 한 명/하나)일 때의 일반동사 현재형은 동사 뒤에 −s/−es/−ies를 반드시 붙여 줍니다. 대부분의 동사는 동사원형에 −s를 붙이고, −s, −ss, −x, −sh, −ch로 끝나는 동사 뒤에는 −es를 붙입니다. 또한 자음+y 로 끝날 경우에는 y를 i로 바꾸고 −es를 붙이는 불규칙 변화에도 유의하여 발음해야 합니다.

일반동사의 종류

주어	일반동사
I, we, you, they	listen
he, she, it	listens

현재 시제일 때, 일반동사의 부정문은 주어(인칭/수)에 따라 동사 앞에 do not(don't) 혹은 doesn't(does not)을 붙여 만들 수 있습니다.

일반동사(현재형)의 긍정문과 부정문

주어	일반동사 (긍정문)	일반동사 (부정문)
I, we, you, they	I listen to music every day.	I don't listen to music every day.
he, she, it	She teaches math. He studies English.	She doesn't teach math. He doesn't study English.

🎙 SPA 문장으로 말해보기

1 It takes about 30 minutes.
대략 30분정도 걸립니다.

2 I work for Siwon Company as a manager.
저는 시원 회사에서 매니저로 일합니다.

3 I don't have to worry about what to wear.
나는 무엇을 입을지 걱정하지 않아도 됩니다.

4 I wake up early in order to jog before work.
저는 출근하기 전에 조깅하기 위해 일찍 일어납니다.

5 This bar graph shows the most favored tourist attractions.
이 바 그래프는 가장 선호되는 관광명소를 나타냅니다.

3 과거에 일어났던 일(경험) 말하기

SPA 문항 중 개인적인 질문에서 과거 사건을 설명하는 문제가 출제될 수 있습니다. 고득점을 위해서는 사건이나 경험의 발생 시점에 따른 알맞은 시제 사용이 필수이므로 be동사와 일반동사의 과거형 쓰임에 유의하여 답변을 연습하는 것이 중요합니다.

일반동사의 과거형은 대부분 동사 뒤에 -ed/-d를 붙인 형태이지만 이 외에도 자음 추가+ed, y를 i로 바꾸고 ed를 추가하는 등 다양한 형태에 따른 발음 변화에 유의하여야 합니다. 특히 불규칙적으로 변화하는 동사(come-came, do-did, buy-bought)는 자주 소리내 발음해보는 연습을 통해 입으로 익히는 것이 중요합니다.

일반동사의 과거 시제 부정문은 주어(인칭/수)에 상관없이 동사 앞에 did not(didn't)을 붙여 만들 수 있습니다.
이때, did not(didn't) 뒤에는 동사원형의 형태가 오는 것에 유의합니다.

일반동사(과거형)의 긍정문과 부정문

주어	일반동사 (긍정문)	일반동사 (부정문)
I, we, you, they he, she, it	I watched a movie a week ago.	I didn't watch a movie a week ago.

🎙 SPA 문장으로 말해보기

1 I spent some quality time with my family during the weekend.
저는 주말동안 가족들과 좋은 시간을 보냈습니다.

2 We took a walk and enjoyed the good weather.
우리는 산책을 했고 좋은 날씨를 즐겼습니다.

3 I didn't do anything special.
저는 딱히 특별한 걸 하지는 않았습니다.

4 I decided to go for a walk to a park.
저는 공원으로 산책을 가기로 했습니다.

5 She didn't have time to study.
그녀는 공부할 시간이 없었습니다.

현재완료 (진행) 시제

4 과거부터 현재까지 계속되는 일 말하기

SPA 시험 고득점을 위해서는 과거 시점에 시작되어 현재까지 계속 유지되어 오고 있는 상태를 설명하는 현재완료 시제를 사용할 줄 알아야 합니다. 과거부터 지금까지의 연속성과 지속성을 나타내는 현재완료 시제 혹은 현재완료 진행 시제를 사용하면 계속되는 상태나 사건, 경험을 훨씬 간단하게 말할 수 있습니다. 또한 단순 시제 외에 다양한 시제를 사용함으로써 고득점 획득에 큰 도움이 됩니다.

지금까지 학습한 현재, 과거 시제가 하나의 점(시점)이라면 현재완료 혹은 현재완료 진행 시제는 선(연장선)의 역할을 한다는 것이 가장 큰 특징입니다. 보통 (계속) ~해오고 있다, (계속) ~하고 있는 중이다 로 해석되고 have/has + 과거분사(p.p), have/has + been + 동사+ing의 형태를 가집니다. 이들의 부정형은 have/has 뒤에 not을 붙여주면 됩니다.

현재완료 시제의 형태와 부정형

주어	have/has	과거분사(p.p)
I, we, you, they	have have not	listened watched
he, she, it	has has not	lived been

현재완료 진행 시제의 형태와 부정형

주어	have/has	been	동사+ing
I, we, you, they	have have not	been	listening watching living being
he, she, it	has has not		

🎙 SPA 문장으로 말해보기

1 I've lived in this apartment for about 2 years.
저는 이 아파트에서 2년 정도 살고 있습니다.

2 I have been working on this project for a long time.
저는 이 프로젝트를 오랫동안 진행해 왔습니다.

3 They have been working together for several years.
그들은 수년간 함께 일해왔습니다.

4 I've always wanted to study abroad.
저는 항상 유학을 하고 싶어 했습니다.

5 We've celebrated our anniversary every year since our wedding.
우리는 결혼식 이후로 매년 결혼기념일을 기념하고 있습니다.

5 미래에 있을 일 말하기

SPA에서는 개인적인 질문에서 미래의 계획이나 있을 일에 대해 묻는 문제가 출제될 수 있습니다. 따라서 고득점을 획득하기 위해서는 미래에 있을 일에 대해서 자연스럽게 이야기할 수 있는 능력이 필수입니다.

미래를 나타내는 표현은 크게 두 가지가 있습니다. 조동사 will 과 be going to 동사원형입니다. will 은 조동사이기 때문에 주어에 상관없이 주어 + will + 동사원형 이며, be going to + 동사원형 은 주어에 따라 be동사의 형태 변화에 유의하여 사용해야 합니다.

will 은 조금 더 먼 미래의 의지를, be going to 는 조금 더 가까운 미래의 확실한 일을 이야기 할 때 많이 사용됩니다. will 로 부정문을 만들 때에는 will 뒤에 not을, be going to 동사원형으로 부정문을 만들 때에는 be동사 뒤에 not를 붙여 주면 됩니다.

	긍정문	부정문
will	I will study hard.	I will not study hard.
be going to	I'm going to meet my friends.	I'm not going to meet my friends.

🎙 SPA 문장으로 말해보기

1 I'm going to go on a diet.
나는 다이어트를 할 거예요.

2 We're going to celebrate our 10th wedding anniversary in Hawaii.
우리는 하와이에서 결혼 10주년을 축하할 거예요.

3 It will lead to a positive outcome.
그것은 긍정적인 결과로 이어질 거예요.

4 It will enable people to live more comfortably.
그것은 사람들이 더 편안하게 살도록 가능하게 할 거예요.

5 It will motivate employees to work harder.
그것은 직원들이 일을 더 열심히 하도록 동기를 부여할 거예요.

6 비교하여 말하기

SPA 문제 중 과거와 현재의 변화나 선호도를 묻는 문제들은 상당히 자주 출제됩니다. 이 때 비교급과 최상급을 사용하면 쉽고 간단하게 비교 대상의 변화와 선호도를 이야기할 수 있습니다.

비교급은 다른 대상과의 비교를 위해 사용되고 더 ~한/하게 로 해석되며 형태는 끝에 -(e)r을 붙이거나 앞에 more을 씁니다. 비교대상을 설명할 때에는 than을 붙이면 됩니다. A is 비교급 than B 형태의 문장으로 쓰면 됩니다.

최상급은 가장 ~한 의미로 형용사나 부사 뒤에 -(e)st를 붙이거나 most + 형용사/부사로 쓰고 보통 앞에 the를 붙입니다. 형용사나 부사에 따라 불규칙적으로 변하는 경우(good/well-better-best, bad-worse-worst)는 자주 소리내 말해보는 연습을 통해 입으로 익혀야 합니다.

비교급/최상급 형태 변화

원형	비교급	최상급
old	older	the oldest
young	younger	the youngest
serious	more serious	the most serious
good/well	better	the best

🎤 SPA 문장으로 말해보기

1 Working in groups is always better than working alone.
혼자 일하는 것보다 그룹으로 일하는 것이 항상 더 낫습니다.

2 It was much better than I expected.
제가 기대했던 것보다 훨씬 더 좋았습니다.

3 Things can be done faster.
일들이 더 빨리 행해질 수 있습니다.

4 To make matters worse, it started raining.
설상가상으로 비가 내리기 시작했습니다.

5 I enjoy comedies the most.
저는 코미디 영화를 가장 좋아합니다.

7 동사를 명사로 바꾸어 말하기

의견을 묻는 질문에서는 여러 동사를 활용하여 답변해야 하는 경우가 많습니다. 이 때, 동명사와 to부정사(명사 역할)를 사용하면 쉽고 간단하게 동사를 명사화 시킬 수 있습니다. 동명사는 동사원형 + ing 이고 to부정사는 to + 동사원형 의 형태를 말합니다. 동명사와 to부정사(명사 역할)는 문장 내에서 명사의 역할을 하기 때문에 주어, 목적어, 보어 자리에 위치할 수 있습니다.

또한, 본동사에 따라 동명사(-ing) 혹은 to부정사(to + 동사원형)만을 목적어로 취하는 경우가 있으므로 동사에 따른 동명사/to부정사 사용에 유의하여야 합니다.

동명사/to 부정사를 목적어로 가지는 동사

동명사만 목적어로 가지는 동사	to부정사만 목적어로 가지는 동사	동명사, to부정사 모두 목적어로 가지는 동사
enjoy	want	like
finish	hope	love
quit	decide	hate
mind	manage	prefer
consider	arrange	start

예문　He enjoys watching TV shows.
Heather wanted to become a scientist.
I like going/to go shopping.

🎙 SPA 문장으로 말해보기

1 I enjoy going to the movies with my family on weekends.
저는 주말동안 가족들과 함께 보는 것을 즐깁니다.

2 Banning smoking is a good idea.
흡연을 금지하는 것은 좋은 아이디어입니다.

3 Watching comedies is a great way to form a family bond.
코미디 영화를 보는 것은 가족간 유대감을 형성하는 좋은 방법입니다.

4 I mind people smoking in public areas.
저는 공공장소에서 담배피는 사람들을 꺼립니다.

5 I've been considering living in another country.
저는 다른 나라에서 사는 것을 고려 중입니다.

관계대명사

8 사람/사물에 부가적인 설명을 더해 말하기

SPA는 출제되는 주제가 정해져 있지 않고, 전반적으로 여러 분야에 걸친 주제로 출제가 됩니다. 그러므로, 사람 혹은 사물에 관한 추가적인 정보를 말하거나 더욱 자세하게 부연 설명을 해주면 발화량 증가와 다양한 어휘와 문법 사용으로 고득점 획득이 가능합니다. 이 때, 관계대명사를 사용하면 쉽고 간단하게 부가적인 설명을 할 수 있습니다.

관계대명사는 두 문장을 이어주는 접속사의 역할과 앞선 명사를 대신하는 대명사의 역할을 동시에 하고, 선행사가 사람 혹은 사물인지 그리고 문장 내에서 하는 역할(격)에 따라 알맞은 관계대명사를 사용해야 합니다.

아래 표와 같이 문장 속 역할에 따라 다양한 관계대명사가 쓰일 수 있지만 보다 간단하게 추려보면 주격, 목적격에서 who, which, that 이 쓰이는데 선행사가 사람일 때는 who를 쓰고 사물일 때는 which를 쓰는 것에 유의합니다. 만약 헷갈린다면 사람, 사물 모두에 쓰일 수 있는 that을 쓰는 것을 추천합니다.

선행사와 문장 속 역할(격)에 따른 관계대명사

	선행사가 사람일 때	선행사가 사물일 때
주격	who, that	which, that
목적격	who, that, whom	which, that
소유격	whose	whose, of which

예문 I read the book that you recommended.
Kiana is the person who taught me how to swim.
That is the memorable experience that I had.

🎤 SPA 문장으로 말해보기

1 I tend to praise coworkers who do well.
저는 업무를 잘하는 동료를 칭찬하려고 합니다.

2 I'm the type of person who gives feedback directly.
저는 피드백을 직접적으로 주는 타입의 사람입니다.

3 There are a couple of things that I remind myself to take when I go on a trip.
여행을 갈 때면 잊지 않고 챙겨가는 두 세가지의 물건이 있습니다.

4 This is a pie graph that shows reasons for social media usage.
이것은 소셜 미디어 사용 이유를 보여주는 파이 그래프입니다.

5 This story is about a growing city called Crawford, whose population is nearing almost one million.
이 이야기는 약 100만 명에 가까운 인구를 가진 크로포드라는 성장 도시에 관한 것입니다.

9 시간, 장소, 방법, 이유에 대한 부가적인 설명을 더해 말하기

개인적인 질문과 의견을 묻는 질문에 대한 간단한 답변 보다는 특정 사실에 관한 추가적인 정보나 내 의견에 대한 부연 설명을 해주면 발화량 증가와 함께 다양한 어휘와 문법 사용으로 고득점 획득이 가능합니다. 이때, 앞서 학습한 관계대명사와 함께 시간, 장소, 방법, 이유에 대해 부가적인 설명을 더하는 관계부사를 사용합니다.

관계부사의 종류에는 when, where, how, why가 있고 서로 다른 문장을 연결해주는 접속사의 역할과 부사의 역할을 합니다.

그리고 선행사로 the time(시간), the place(장소), the way(방법), the reason(이유) 과 같이 일반적인 명사가 올 때는 선행사나 뒤따라오는 관계부사 둘 중 하나를 생략할 수 있습니다.

관계부사의 종류

선행사	관계부사	예문
시간 (the time)	when	I can't forget the date when I first met you.
장소 (the place)	where	This is the library where I often visit.
방법 (the way)	how	I don't know how I can solve this problem.
이유 (the reason)	why	Can you explain why he didn't come to the party?

🎙 SPA 문장으로 말해보기

1 I'll tell you why I prefer to go hiking.
제가 하이킹 가는 것을 왜 선호하는 지 이유를 말하겠습니다.

2 I remember the first time when I started donating money to a charity.
제가 처음으로 자선단체에 돈을 기부하기 시작했던 때가 기억나네요.

3 There is a master bedroom where I feel the coziest.
제가 가장 편안함을 느끼는 안방이 있습니다.

4 I didn't know how I could get there.
저는 어떻게 그곳에 갈 수 있을지 몰랐습니다.

5 Giving credit where it is deserved will always create healthy respect among coworkers.
마땅한 일에 공로를 돌리는 것은 언제나 동료들 사이에 유익한 존경심을 조성할 것입니다.

10 시간과 장소를 설명하고 문장을 길게 만들어 말하기

SPA 시험에서는 수험자의 경험이나 사건에 대한 구체적인 시간과 장소를 묻는 질문들이 출제될 수 있습니다. 이 때, 시간 전치사(at/on/in)을 사용하는데 at은 정확한 시점이나 시간, on은 특정한 날이나 요일, in은 보다 긴 시간(년/월) 및 기간을 나타낼 때 주로 사용합니다. 위 전치사가 장소 명사 앞에 붙어 사용될 때는 at은 지점, on은 표면(위), in은 공간이나 범위의 개념으로 생각하면 기본적인 이해가 가능합니다.

시간/장소 전치사

	at	on	in
시간	at 7 o'clock at night	on weekends on Friday	in September in 1991
장소	at the bus stop at work	on the highway on the left/right	in Seoul in the restaurant

서로 다른 문장,구,단어를 이어주는 접속사는 답변을 길게 만들어 주고 스토리라인을 자연스럽게 이어주는 역할을 합니다. 접속사의 종류에는 등위 접속사, 종속 접속사, 명사절 접속사와 같이 다양한 종류가 있지만 SPA 시험에서 자주 사용되는 접속사를 선별해 성격에 따라 분류하였습니다.

이유(~때문에)	시간(~할 때, ~동안에)	조건(~한다면)	양보(~에도 불구하고)
because	while	if	although
since	when	when	though

🎙 SPA 문장으로 말해보기

1 I'd like to spend time alone because I'm always busy with coworkers.
   저는 항상 동료들과 바쁘게 지내기 때문에 혼자 시간을 보내고 싶습니다.

2 I also make sure to bring first-aid medicine when I go on a business trip.
   또한 출장 가기 전 반드시 구급약을 챙깁니다.

3 Although it is only an hour flight from Seoul, you'll feel like you're in a whole other country with its palm trees and sea breeze.
   서울에서 한 시간 정도의 비행 거리이지만, 야자 나무와 바닷바람으로 완전히 다른 나라에 와있는 느낌을 받을 것입니다.

4 I normally take a walk while listening to music.
   저는 보통 음악을 들으면서 걷습니다.

5 Since he is such a slacker, he often gets scolded by his boss.
   그는 워낙 게으름뱅이라 상사에게 꾸지람을 자주 듣습니다.

CHAPTER 3

개인 질문

한 눈에 보는 개인 질문

일상 루틴

가정해 보기

좋아하는 것

My self

과거의 일

하는 일

빈출 주제	빈출 질문
일상 루틴	취미, 회사, 통근, 운동, 주말, 여행
좋아하는 것	음식, 책 종류, 영화 장르, 옷 스타일, TV 프로그램, 장소
하는 일	언어능력 향상, 스트레스 해소, 건강 유지, 동료간 관계 유지, 가족간 친화력
과거의 일	주말, 지난 여행, 오늘 아침 식사, 어렸을 때, 날씨의 영향, 최고/최악의 경험
가정해 보기	휴가, 외모, 정책, 사회, 회사, 성격

UNIT 1 일상 루틴

routine(루틴)은 규칙적으로 반복하는 일을 말할 때 쓰는 단어입니다. SPA 시험에서는 주로 현재에 반복적으로, 습관적으로, 일상적으로 하는 일을 중심으로 출제됩니다. 루틴을 묻는 질문에는 반드시 현재형으로 답변해야 한다는 것을 숙지하고 연습합니다.

💬 문제 예시

- What is a typical routine you follow at your office?
- How do you commute to work? Do you use any type of public transportation?
- What are some new technologies you use on a daily basis?
- What do you always bring when you go on a trip?

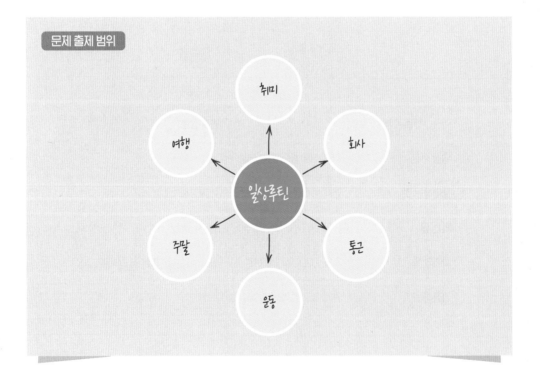

문제 출제 범위

취미 / 여행 / 회사 / 일상루틴 / 통근 / 주말 / 운동

Question

What is a typical routine you follow at your office?
회사에서 보내는 전형적인 일상은 무엇인가요?

💬 브레인스토밍

회사 도착 후,
컴퓨터 켜기　➡️　이메일 확인　➡️　회의 참석　➡️　동료들과 티타임　➡️　당일 업무 처리,
퇴근 준비

💬 필수 패턴

- **When 주어 + 동사, ~**

  주어가 ~할 때/~하면,

  When I get to work, I first turn on my computer and check my email.
  회사에 도착하면, 저는 먼저 컴퓨터를 켜고 이메일을 확인합니다.

- **I first 동사 ~ .**

  저는 먼저 ~합니다.

  I first check my email.
  저는 먼저 이메일을 확인합니다.

- **What I do first is 동사 ~ .** •50점+

  제가 먼저 하는 일은 ~하는 것입니다.

  What I do first when I get to work is turn on my computer to check my email.
  제가 회사에 도착해서 먼저 하는 일은 컴퓨터를 켜고 이메일을 확인하는 것입니다.

- **주어 1 + 동사 1 ~ if 주어 2 + 동사 2 ~ .** •50점+

  주어2가 ~하는지 동사2하기 위해 주어1은 동사1합니다.

  I open my email to see if there are any unread emails.
  저는 읽지 않은 이메일이 있는지 확인하려고 이메일을 열어봅니다.

- **The first(last) thing I do is to 동사.** •50점+

  제가 먼저(마지막으로) 하는 일은 ~하는 것입니다.

  The first thing I do is to check my email.
  제가 먼저 하는 일은 이메일을 확인하는 것입니다.

Q What is a typical routine you follow at your office?

회사에서 보내는 전형적인 일상은 무엇인가요?

💬 모범 답변

35점+

(🔊 MP3 3_2)

When I get to work, I first turn on my computer and check my email. Then, I attend a meeting with my teammates. After the meeting, I drink coffee with my team members and have a small talk. After that, I work until I leave the office, and get ready to go home.

회사에 도착하면, 저는 먼저 컴퓨터를 켜고 이메일을 확인합니다. 그러고는 동료들과 함께 회의에 참석합니다. 회의가 끝나면, 팀원들과 커피를 마시며 짧은 담소를 나눕니다. 그 뒤에는, 퇴근 시간까지 일을 하고 집에 갈 준비를 합니다.

필수 패턴 **핵심 내용**

50점+

(🔊 MP3 3_3)

What I do first when I get to work is turn on my computer to check my email and see if there's anything urgent. Then, I usually attend a meeting with my teammates where we share our progress. After the meeting, our team usually goes downstairs to grab a cup of coffee and have a small talk that is non-work related. After coming back to the office, I work on things for a few hours until lunch, and try to finish things that are due that day until I leave the office. The last thing I do before I get off work is to turn off my computer and clean up my desk to get ready to go home.

회사에 도착 후 가장 먼저 하는 일은 이메일 확인과 급한 용건이 있는지를 확인하기 위해 컴퓨터를 켜는 것입니다. 그러고는 보통 동료들과 함께 업무 진행도를 공유하는 회의에 참석합니다. 회의가 끝나면, 우리 팀은 보통 커피를 사기 위해 아래 층으로 내려가 일과 관련되지 않은 짧은 담소를 나눕니다. 사무실로 돌아와서는 점심 시간까지 몇 가지 업무를 처리하고, 퇴근까지 당일 처리 해야 하는 업무들을 끝마치려 노력합니다. 퇴근 전 마지막으로 하는 일은 컴퓨터를 끄고 집에 갈 준비를 하기 위해 책상을 정리하는 것입니다.

필수 패턴 **핵심 내용**

🗒 **어휘** attend 참석하다 urgent 긴급한 share 공유하다 non-work related 업무와 관련 없는

🔧 송쌤의 꿀팁

▸ see if 주어 + 동사 는 주어 가 동사 인지 확인하다 라는 뜻입니다. if 는 만약에 라는 뜻 이외에도 문장 중간에서는 ~인지 (whether or not) 으로 쓰이기도 하며, see 는 보다 이외에도 확인하다 라는 뜻으로도 많이 사용됩니다. 꼭 익혀주세요!

나만의 답변 만들기

앞서 배운 내용을 활용하여 나만의 답변을 만들어 보세요.

서론	
본론	
결론	

Question

How do you get to work? Do you use any type of transportation to commute to work?
어떻게 출근하나요? 통근하는 데 교통수단을 이용하나요?

💬 브레인스토밍

| 회사 버스로 통근 | ➡ | 정류장이 가까워 편리함 | ➡ | 무료, 경제적임 | ➡ | 버스 놓치면 운전해서 감 | ➡ | 주차가 불편해서 선호하지 않음 |

💬 필수 패턴

- **It's 형용사 to 동사 ~ .**

  ~하는 것은 -합니다.

  It is very convenient to commute to work.
  직장에 통근하는 것은 매우 편리합니다.

- **It's 형용사 for 목적어 to 동사.** •50점+

  목적어가 ~하는 것은 형용사합니다.

  It is really hard for me to find a parking spot.
  (제가) 주차 공간을 찾는 것은 정말 어렵습니다.

- **I have to 동사 ~ .**

  저는 ~해야 합니다.

  I have to get up early to take the employee shuttle.
  직원 셔틀버스를 타려면 일찍 일어나야 합니다.

- **주어 + 동사 ~, which allows me to 동사 ~ .** •50점+

  주어가 ~하는 것은 제가 ~할 수 있게 해줍니다.

  The shuttle stop is close to my house, which allows me to get to my work conveniently.
  셔틀버스 정류장이 집에서 가까운 것은 제가 회사에 편하게 갈 수 있게 해줍니다.

- **In order to 동사, ~ .**

  ~하기 위해서, ~입니다.

  I have to be punctual in order to use the shuttle.
  셔틀버스를 이용하기 위해서 저는 시간을 지켜야 합니다.

Q How do you get to work? Do you use any type of transportation to commute to work?

어떻게 출근하나요? 통근하는 데 교통수단을 이용하나요?

💬 모범 답변

MP3 3_5

35점+

I usually go to work by the employee shuttle for a couple of reasons. First, the shuttle stop is close to my house, so it's very convenient to commute to work. Also, because the shuttle is free, I can save money on transportation. However, when I miss the shuttle, I have to drive to work. I don't like it because it's hard to park.

저는 보통 몇 가지 이유로 직원 셔틀 버스를 타고 출근합니다. 첫째로, 셔틀 버스의 정류장이 저희 집에서 가깝기 때문에 통근하기가 아주 편리합니다. 또한, 셔틀 버스는 무료이기 때문에, 대중 교통에 사용하는 돈을 아낄 수 있습니다. 하지만 셔틀 버스를 놓치면 운전을 해서 출근해야 합니다. 주차가 어렵기 때문에 저는 이 방법을 별로 좋아하지 않습니다.

필수 패턴 **핵심 내용**

추가 질문 MP3 3_6

Q Which of the following public transportation systems do you prefer, the bus or the subway?

버스와 지하철 중 어떤 대중교통 수단을 선호하나요?

A I prefer to take the subway because there's no traffic.

교통 체증이 없기 때문에 지하철을 선호합니다.

MP3 3_7

50점+

I usually commute to work by the employee shuttle because there are many advantages to using it. First, the shuttle stop is located within a short walking distance from my house, which allows me to get to my work conveniently. Also, because the shuttle is free of charge, it's very economical. However, because the shuttle schedule is fixed, I have to be punctual in order to use the shuttle. On days when I miss the shuttle, I take my car to get to the office. This is the less preferred option because it is really hard for me to find a parking spot.

저는 보통 직원 셔틀 버스를 타고 통근하는데, 이 방법에 많은 장점이 있기 때문입니다. 첫째로, 셔틀 버스 정류장이 집으로부터 걸어서 가까운 위치에 있고, 이것은 제가 편리하게 출근하도록 도와줍니다. 또한, 셔틀 버스는 무료이기 때문에 매우 경제적입니다. 하지만, 운행 시간표가 정해져 있기 때문에 셔틀 버스를 사용하기 위해서는 시간을 잘 지켜야 합니다. 셔틀 버스를 놓치는 날에는 차로 운전해서 출근을 합니다. 이것은 제가 선호하는 방법이 아닌데, 주차 공간을 찾기가 매우 어렵기 때문입니다.

필수 패턴 **핵심 내용**

CHAPTER 3 개인 질문   39

앞서 배운 내용을 활용하여 나만의 답변을 만들어 보세요.

서론	
본론	
결론	

Question

What are some things you always remember to bring when you go on a trip?

여행을 갈 때 잊지 않고 챙겨가는 것에는 무엇이 있나요?

💬 브레인스토밍

두세 가지 챙김 ➡ 비상약 챙김 ➡ 여행 시 음식 때문에 쉽게 아픔 ➡ 핸드폰, 카메라 보조배터리 챙김 ➡ 사진 찍고 SNS에 공유하기 위해

💬 필수 패턴

- **I get 형용사 ~ .**

  저는 ~해집니다.

  I easily get sleepy when I take online classes.
  제가 온라인 강의를 수강할 때면 쉽게 졸립니다.

- **I (don't) forget to 동사 ~ .**

  저는 ~하기를 잊어버립니다(잊지 않습니다).

  I don't forget to bring medicine.
  저는 약을 챙기기를 잊지 않습니다.

- **(just) in case 주어 + 동사 ~ .** ◆ 50점+

  주어가 ~할 경우를 대비해서

  I remember to bring first-aid medicine in case I get sick from food poisoning.
  저는 식중독에 걸릴 것을 대비해서 비상약을 잊지 않고 챙겨갑니다.

- **주어 tend (not) to 동사 ~ .** ◆ 50점+

  주어는 ~하는(하지 않는) 편입니다.

  I tend to bring different types of medication to fully enjoy my trip.
  저는 여행을 오롯이 즐기기 위해, 여러 종류의 약을 챙겨가는 편은 아닙니다.

- **A wouldn't be possible without 명사(동사ing) ~ .** ◆ 50점+

  A는 ~없이는 불가능할 것입니다.

  This wouldn't be possible without enough battery power.
  (이것은) 충분한 배터리 전원이 없이는 불가능할 것입니다.

Q What are some things you always remember to bring when you go on a trip?

여행을 갈 때 잊지 않고 챙겨가는 것에는 무엇이 있나요?

💬 모범 답변

35점+ 🔊 MP3 3_9

I take a couple of things. First, I bring first-aid medicine. I easily get sick from food poisoning when I go on a trip to different places, so I don't forget to bring medicine. Second, I take extra batteries for my phone and camera. That's because I love to take pictures and upload them on my social media.

저는 두 세가지의 물건을 챙깁니다. 첫째로, 비상약을 가져갑니다. 다양한 곳으로 여행을 갈 때 쉽게 식중독에 걸려 아프기 때문에, 약을 챙기는 것을 잊지 않습니다. 둘째로, 휴대폰과 카메라를 위한 보조 배터리를 챙깁니다. 사진을 찍고 소셜 미디어에 사진을 올리는 것을 좋아하기 때문입니다.

필수 패턴 **핵심 내용**

50점+ 🔊 MP3 3_10

There are a couple of things that I remind myself to take when I go on a trip. First and foremost, I remember to take first-aid medicine in case I get sick from food poisoning, or get seasick. This is more important when I visit countries that have poor sanitation. Therefore, I tend to take different types of medication to fully enjoy my trip. Second, I take extra batteries for my phone and camera to share the photos of the places I visit or the food I try on my social media. This wouldn't be possible without enough battery power, so it should be fully charged all the time.

여행을 갈 때면 잊지 않고 챙겨가는 두 세가지의 물건이 있습니다. 가장 처음으로, 저는 식중독이나 멀미로 아플 경우를 대비해 비상약을 챙겨갑니다. 좋지 않은 위생상태를 가진 나라를 방문할 때는 더욱 중요한 일입니다. 따라서, 여행을 즐기기 위해 다양한 종류의 약을 챙겨가곤 합니다. 둘째로, 저는 방문하는 곳이나 시도해본 음식의 사진을 찍어 소셜 미디어에 공유하려고 휴대폰과 카메라를 위한 추가 배터리를 가져갑니다. 이러한 활동들은 충분한 배터리 없이는 불가능하기 때문에, 항상 배터리를 충분히 충전해 놓아야 합니다.

필수 패턴 **핵심 내용**

📕 **어휘** a couple of 몇 개의, 두세 가지의 first-aid medicine 비상약 get sick from food poisoning 식중독에 걸리다 don't forget to 잊지 않고 ~하다 remind A to B A가 B를 기억하게 하다 first and foremost 다른 무엇보다도 더 remember to ~할 것을 기억하다 sanitation 위생 관리 medication 약 charge 충전하다

42 시원스쿨 SPA

나만의
답변
만들기

앞서 배운 내용을 활용하여 나만의 답변을 만들어 보세요.

서론	

본론	

결론	

UNIT 2 좋아하는 것

일상 생활을 주제로 좋아하는 것 혹은 선호하는 것을 묻는 질문입니다. 한국말을 영어로 생각하여 말하면 복잡하고 어려운 표현이 생각나서 장황하게 설명하거나 제대로 답변하지 못 할 수도 있습니다. 무엇을 왜 좋아하는지 간단하고 명료한 이유와 함께 대답하는 연습을 합니다.

💬 문제 예시

- What kinds of films do you enjoy watching?
- Can you please talk about some famous Korean TV shows?
- What kind of food do you like the most?
- What is your favorite food for breakfast/lunch/dinner?
- Can you tell me about your favorite place in your house?

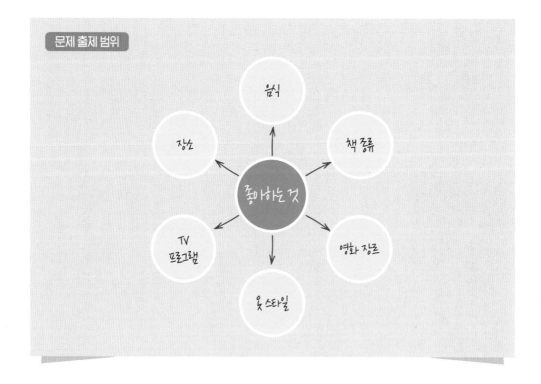

문제 출제 범위

음식 / 책 종류 / 장소 / 좋아하는 것 / 영화 장르 / TV 프로그램 / 옷 스타일

Question

What is your favorite kind of film?
가장 좋아하는 영화 장르는 무엇인가요?

💬 브레인스토밍

| 코미디가 가장 좋음 | ➡ | 스트레스가 풀림 | ➡ | 많이 웃을 수 있음 | ➡ | 가족과 함께 시청 가능 | ➡ | 가족간 유대감 형성에 좋음 |

💬 필수 패턴

- **동사 the most**

  가장 ~합니다.

  I like comedies the most.
  저는 코미디 영화를 가장 좋아합니다.

- **Whenever 주어 + 동사, ~ .**

  주어가 ~할 때마다, ~입니다.

  Whenever I watch comedies, I laugh a lot.
  코미디 영화를 볼 때마다, 저는 많이 웃습니다.

- **   A   is(are) helpful for 동사ing ~ .**

  A는 ~하는 데 도움이 됩니다.

  Watching movies is helpful for relieving my stress.
  영화를 보는 것은 스트레스를 해소하는 데 도움이 됩니다.

- **   A   help(s) 목적어 (to) 동사 ~ .** ◦ 50점+

  A는 목적어가 ~하는 것을 도와줍니다.

  Watching comedies helps me get rid of my stress.
  코미디 영화를 보는 것은 스트레스를 해소하는 것을 도와줍니다.

- **   A   is one of the best ways to 동사 ~ .** ◦ 50점+

  A는 ~하는 가장 좋은 방법 중 하나입니다.

  Watching comedies together is one of the best ways to create a closer family bond.
  함께 코미디를 보는 것은 긴밀한 가족간 유대감을 형성하는 가장 좋은 방법 중 하나입니다.

Q What is your favorite kind of film?
가장 좋아하는 영화 장르는 무엇인가요?

💬 모범 답변

35점+　🔊 MP3 3_12

I like comedies the most. First, I can relieve my stress because they are very funny. Whenever I watch comedies, I laugh a lot. Second, I can watch them with my family, because most of them are for all ages. They are very helpful for building a family bond.

저는 코미디 영화를 가장 좋아합니다. 첫째로, 아주 재미있기 때문에 스트레스를 풀 수 있습니다. 코미디 영화를 볼 때마다 저는 많이 웃습니다. 둘째로, 대부분의 코미디 영화가 전체 관람가이기 때문에 가족들과 함께 볼 수 있습니다. 가족과 유대감을 형성하는 데 아주 도움이 됩니다.

필수 패턴 **핵심 내용**

추가 질문　🔊 MP3 3_13

Q Can you please recommend a famous Korean TV show?
한국의 유명한 TV쇼를 추천해 줄 수 있나요?

A I recommend watching A because it's funny, so you can laugh a lot.
저는 A를 시청하기를 추천하는데, 재밌어서 많이 웃을 수 있기 때문입니다.

50점+　🔊 MP3 3_14

I'm not picky about movies, but my favorite kind of film is comedies for a couple of reasons. First, watching comedies helps me get rid of my stress because they crack me up. You know, laughing is one of the most enjoyable ways to relieve stress, right? Second, since most comedies are neither gory nor violent, I can watch them with my family. I can definitely say that watching comedies together is one of the best ways to create a closer family bond.

저는 영화에 까다로운 편은 아니지만, 몇 가지 이유로 코미디 영화가 가장 좋아하는 영화 종류입니다. 첫째로, 저를 빵 터지게 만들기 때문에 코미디 영화를 보는 것은 스트레스를 해소하는데 도움이 됩니다. 웃음이 스트레스를 해소하는 가장 즐거운 방법인 것을 아시잖아요, 그쵸? 둘째로, 코미디 영화는 폭력이 난무하거나 난폭하지 않기 때문에 가족과 함께 볼 수 있습니다. 함께 코미디 영화를 보는 것은 가족 간에 더 가까운 유대감을 형성하는 가장 좋은 방법 중 하나라고 분명히 말할 수 있습니다.

필수 패턴 **핵심 내용**

📖 **어휘** relieve one's stress ~의 스트레스를 해소하다　whenever ~할 때마다　for all ages 전체 관람가의　build 만들어 내다 picky 까다로운　crack (someone) up ~를 몹시 웃기다　neither A nor B A도 아니고 B도 아닌　create 자아내다

나만의 답변 만들기

앞서 배운 내용을 활용하여 나만의 답변을 만들어 보세요.

서론	
본론	
결론	

Question

What kind of food do you like the most?
어떤 종류의 음식을 가장 좋아하나요?

💬 **브레인스토밍**

💬 **필수 패턴**

- **Last but not least, 주어 + 동사 ~ .** •50점+
  끝으로, 주어는 ~합니다.

  Last but not least, you should speak English every day.
  끝으로, 당신은 영어를 매일 말해야 합니다.

- **When it comes to ⬚ A ⬚ ,** •50점+
  A에 관해서는,

  When it comes to the price, Korean food is relatively cheaper than Western food.
  가격에 관해서는, 한식이 서양식보다 상대적으로 저렴합니다.

- **My most(least) favorite ⬚ A ⬚ is ⬚ B ⬚ .**
  제가 가장 좋아하는(싫어하는) A는 B입니다.

  My most favorite kind of food is Korean food.
  제가 가장 좋아하는 음식은 한식입니다.

- **I have p.p since 주어 + 동사 (보통 과거).** •50점+
  주어가 ~했을 때부터 저는 ~해왔습니다.

  I've loved Korean food since I was a child.
  저는 어렸을 때부터 한식을 좋아했습니다.

- **주어 + 동사 ~, and this is mainly due to ⬚ A ⬚ .** •50점+
  주어는 ~하는데, 이는 주로 A 때문입니다.

  Life expectancy of South Koreans is around 83 years, and this is mostly due to their diet.
  한국인들의 기대수명은 약 83세인데, 이는 그들의 식습관 때문입니다.

Q What kind of food do you like the most?
어떤 종류의 음식을 가장 좋아하나요?

💬 모범 답변

35점+

🔊 MP3 3_16

I like Korean food the most. That's because Korean food is healthy and delicious. Also, I love spicy food, and most Korean food is spicy. Lastly, Korean food is cheaper than Western food. For these reasons, I love Korean food.

저는 한국 음식을 가장 좋아합니다. 한국 음식은 건강하고 맛있기 때문입니다. 또한, 저는 매운 음식을 좋아하고, 대부분의 한국 음식은 맵습니다. 마지막으로, 한국 음식은 서양 음식보다 더 저렴합니다. 이러한 이유로, 저는 한국 음식을 좋아합니다.

필수 패턴 **핵심 내용**

추가 질문 🔊 MP3 3_17

Q What is your favorite food (for breakfast/lunch/dinner)?
(아침/점심/저녁으로) 가장 좋아하는 음식은 무엇인가요?

A My favorite food for dinner is Ramyun because it's easy to make and delicious.
저녁으로 가장 좋아하는 음식은 라면인데, 만들기 쉽고 맛있기 때문입니다.

50점+

🔊 MP3 3_18

I am not a picky eater, but my favorite kind of food is Korean. I've loved Korean food since I was a child for the following reasons. First of all, most Korean foods are generally healthy and tasty at the same time. Life expectancy of South Koreans is around 83 years, and this is mostly due to their diet I believe. Also, I am the type of person who enjoys spicy food and Korean food is well-known for its spiciness. Last but not least, when it comes to the price, Korean food is relatively cheaper than Western food.

저는 편식을 하는 사람은 아니지만, 제가 가장 좋아하는 음식은 한국 음식입니다. 다음과 같은 이유로 어릴 때부터 한국 음식을 좋아했습니다. 첫째로, 대부분의 한국 음식은 보통 건강하고 맛이 좋습니다. 대한민국 사람들의 기대 수명은 약 83살 정도인데, 제 생각에 이는 주로 사람들의 식습관 덕분인 것 같습니다. 또한, 저는 매운 음식을 즐기는 사람인데, 한국 음식은 양념이 강하기로 유명합니다. 마지막으로 중요한 점은, 가격을 생각했을 때 한국 음식이 서양 음식보다 상대적으로 더 저렴합니다.

필수 패턴 **핵심 내용**

추가 답변

• You can eat Korean food at relatively reasonable prices compared to Western food.
당신은 서양 음식과 비교했을 때 한국 음식을 상대적으로 저렴한(적정한) 가격에 먹을 수 있습니다.

앞서 배운 내용을 활용하여 나만의 답변을 만들어 보세요.

서론	

본론	

결론	

Tell me about your favorite place in your house.
집에서 가장 좋아하는 장소에 대해 말해주세요.

💬 브레인스토밍

| 내 방 | ➡ | 좋아하는 것들이 많음 - 침대, 컴퓨터 | ➡ | 게임, 유튜브 시청하는 것 좋아함 | ➡ | 방이 주는 느낌이 좋음 | ➡ | 방이 아늑함 |

💬 필수 패턴

- **There is(are) (many/nothing/some) things that 주어 + 동사 ~ .**
  주어가 ~하는 것이 (많습니다/없습니다/몇 개 있습니다).

  There are many things that I like in my room.
  제 방에는 제가 좋아하는 것들이 많습니다.

- **A make(s) 목적어 동사/형용사.**
  A는 목적어가 ~하게 만듭니다.

  It makes me feel good.
  저를 기분 좋게 만들어줍니다.

- **The place where I feel 형용사 최상급 is A .** •50점+
  제가 가장 ~하게 느끼는 장소는 A입니다.

  The place where I feel the coziest is my room.
  제가 가장 편안함을 느끼는 곳은 제 방입니다.

- **be filled with 명사 ~ .** •50점+
  ~로 가득 차 있습니다

  My room is filled with things I like, such as my computer and my bed.
  제 방은 컴퓨터와 침대와 같이 제가 좋아하는 것들로 가득 차 있습니다.

- **while 동사ing.** •50점+
  ~하는 동안에

  I like to watch YouTube videos while lying down on my bed.
  저는 침대에 누워있는 동안에 유튜브 영상을 보는 것을 좋아합니다.

Q Tell me about your favorite place in your house.
집에서 가장 좋아하는 장소에 대해 말해주세요.

💬 모범 답변

35점+

🔊 MP3 3_20

My favorite place is my room. First, there are many things that I like in my room, such as my computer and my bed. I love playing online games and watching YouTube videos on the bed. Second, it makes me feel good. My room is so cozy. These are the reasons why I like my room.

제가 가장 좋아하는 장소는 제 방입니다. 첫째로, 제 방에는 컴퓨터나 침대와 같이 제가 좋아하는 것들이 많이 있습니다. 저는 침대에서 온라인 게임을 하고 유튜브 영상을 보는 것을 좋아합니다. 둘째로, (제 방에서는) 기분이 좋습니다. 제 방은 아주 아늑합니다. 이러한 점들이 제가 제 방을 좋아하는 이유입니다.

필수 패턴 **핵심 내용**

50점+

🔊 MP3 3_21

The place where I feel the coziest in my house is my room for a couple of reasons. First, my room is filled with things I like, such as my computer and my bed. I love playing online games with my friends. It is my favorite part of the day. I also like to watch YouTube videos while lying down on my comfortable bed. The second reason is the feeling that my room gives me. My room is so cozy that I just feel good when I am in my room. Those are the reasons why I like my room the most.

저는 몇 가지 이유로 집에서 제 방을 가장 좋아합니다. 첫째로, 제 방은 컴퓨터나 침대와 같이 제가 좋아하는 것들로 채워져 있습니다. 저는 친구들과 함께 온라인 게임을 하는 것을 좋아하고, 이는 하루 중 제가 가장 좋아하는 순간입니다. 저는 또한 편안한 침대 위에 누워서 유튜브 영상을 보는 것도 좋아합니다. 두 번째 이유는 제 방이 주는 느낌 때문입니다. 제 방은 아주 아늑해서 그 안에 있으면 그저 기분이 좋습니다. 이러한 점들이 제가 제 방을 가장 좋아하는 이유입니다.

필수 패턴 **핵심 내용**

어휘 favorite 가장 좋아하는 such as ~와 같은 cozy 아늑한, 편안한 be filled with ~로 가득 차다 lie down on ~(위)에 눕다 comfortable 편안한

나만의 답변 만들기

앞서 배운 내용을 활용하여 나만의 답변을 만들어 보세요.

서론	

본론	

결론	

UNIT 3 하는 일

어떤 주제가 문제로 나오더라도 보통 일반적으로 하는 일에 대해 묻는 질문입니다. 반드시 현재형을 사용하여 답변합니다.

💬 문제 예시

- What do you do in order to stay healthy?
- I'd like to know how you get rid of your stress.
- How often do you meet your friends?
- How do you maintain good relationships with your coworkers?

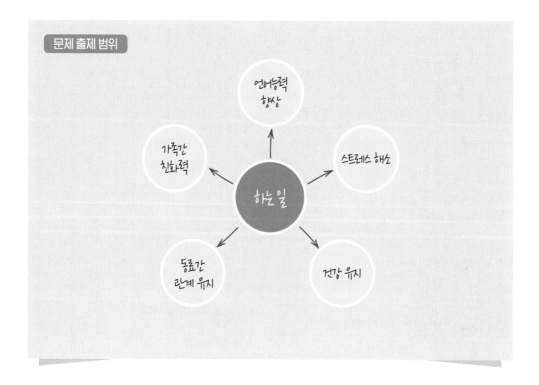

Question

What are some things you do in order to stay healthy?
건강을 유지하기 위해 하는 일이 있나요?

💬 브레인스토밍

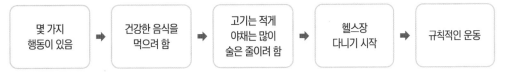

몇 가지 행동이 있음 → 건강한 음식을 먹으려 함 → 고기는 적게 야채는 많이 술은 줄이려 함 → 헬스장 다니기 시작 → 규칙적인 운동

💬 필수 패턴

- **I try to 동사.**

  저는 ~하려 노력합니다.

  I try to eat healthy.
  저는 건강에 좋은 음식을 먹으려 노력합니다.

- **I try not 동사.**

  저는 ~하지 않으려고 노력합니다.

  I try not to drink a lot.
  저는 술을 많이 마시지 않으려고 노력합니다.

- **I make sure to 동사 ~ .** ◦ 50점+

  저는 꼭 ~합니다.

  There are a couple of things I make sure to do in order to stay healthy.
  제가 건강을 유지하기 위해 꼭 하는 몇 가지가 있습니다.

- **what 주어 + 동사** ◦ 50점+

  주어가 ~하는 것

  I am what I eat.
  저 자신은 제가 먹는 것으로부터 시작됩니다.

- **the number of times 주어 + 동사 ~** ◦ 50점+

  주어가 ~하는 횟수

  I try to reduce the number of times I drink.
  저는 술을 마시는 횟수를 줄이려고 노력합니다.

Q What are some things you do in order to stay healthy?
건강을 유지하기 위해 하는 일이 있나요?

🗨 모범 답변

35점+

I do a couple of things to keep healthy. First, I try to eat healthy. I try to eat less meat and more vegetables. I also try not to drink a lot. Next, I started going to the gym. Working out regularly is helpful for me to stay healthy.

건강을 유지하기 위해 하는 몇 가지 행동이 있습니다. 첫째로, 저는 건강히 먹으려고 노력합니다. 고기를 덜 먹고 야채를 더 먹으려고 합니다. 저는 또한 술을 줄이려고 합니다. 다음으로, 저는 헬스장에 가기 시작했습니다. 규칙적으로 운동을 하는 것은 건강 유지에 도움이 됩니다.

필수 패턴 **핵심 내용**

50점+

Up until recently, I hadn't taken care of my health that much. However, I realized the importance of staying healthy as I got older, and there are a couple of things I make sure to do in order to stay healthy. First, I try to eat healthier, and keep in mind I am what I eat. I try to eat less meat and more vegetables to become healthier, and I've reduced the number of times I drink. Next, I started going to the gym to exercise. Working out on a regular basis definitely helps me stay in shape, and having a healthier body leads to a healthier mind.

최근까지, 저는 제 건강을 그렇게 챙기지 않았습니다. 하지만, 나이가 들면서 건강 유지의 중요함을 깨닫게 되었고, 이를 위해 잊지 않고 하는 몇 가지 행동이 있습니다. 첫째로, 저는 더 건강히 먹으려고 노력하고, 나 자신은 내가 먹는 것으로부터 시작된다는 것을 잊지 않으려고 합니다. 더 건강해지기 위해 고기는 덜 먹고, 야채는 더 먹으려고 노력하고, 술을 마시는 횟수를 줄였습니다. 다음으로, 운동을 위해 헬스장에 가기 시작했습니다. 규칙적으로 운동을 하는 것은 확실히 몸매를 유지하도록 도와주며, 건강한 신체를 갖는 것은 건강한 마음으로 이어집니다.

필수 패턴 **핵심 내용**

📖 **어휘** try to ~하려고 노력하다 start -ing ~하는 것을 시작하다 up until ~까지 realize 깨닫다 importance 중요성 make sure to do 꼭 ~하려고 하다 in order to ~하기 위해 keep in mind 잊지 않고 기억하다 reduce 줄이다 the number of ~의 수 on a regular basis 규칙적으로 stay in shape 건강을 유지하다 lead to ~로 이어지다

나만의 답변 만들기

앞서 배운 내용을 활용하여 나만의 답변을 만들어 보세요.

서론	

본론	

결론	

Question

Can you please tell me how you get rid of your stress?
어떻게 스트레스를 해소하는지 이야기해주시겠어요?

💬 **브레인스토밍**

| 두세 가지 함 | ➡ | 운동 | ➡ | 스트레스 주는 일들을 잊음 | ➡ | 친구들과 만남 | ➡ | 날 기분 좋게 만듦 |

💬 **필수 패턴**

- **A** allow(s) 목적어 to 동사 ~ .
  A는 목적어가 ~하게 해줍니다.

  Working out regularly allows me to stay in shape.
  규칙적으로 운동하는 것은 몸매를 유지하게 해줍니다.

- **A** make(s) 목적어 + 동사원형 ~ .
  A는 목적어가 ~하게 만듭니다.

  Hanging out with my friends makes me feel good.
  친구들과 어울리는 것은 기분을 좋게 만듭니다.

- whenever 주어 + 동사
  주어가 ~할 때마다

  I meet them whenever I'm in trouble.
  제가 곤경에 처할 때마다 그들을 만납니다.

- The only thing that I have to 동사 is ~ . •50점+
  제가 ~해야 하는 것은 ~뿐입니다.

  The only thing that I have to focus on is my workout routine.
  제가 집중해야 하는 것은 운동 루틴 뿐입니다.

- how(what/when/where) to 동사 ~ •50점+
  ~하는 방법(것/때/장소)

  My friends are good at giving me wise advice on how to solve my problems.
  제 친구들은 문제를 해결하는 방법에 대한 현명한 충고를 잘 해줍니다.

Q Can you please tell me how you get rid of your stress?
어떻게 스트레스를 해소하는지 이야기해주시겠어요?

💬 모범 답변

> 🔊 MP3 3_26
>
> **35점⁺**
>
> I do a couple of things to **get rid of my stress**. First, I <u>work out</u>. When I work out, I only focus on my workout routine, so it allows me to <u>forget</u> about all the <u>stressful things</u>. Second, I <u>hang out</u> with my friends. I meet them whenever I'm in trouble, and having a conversation with them <u>makes me feel</u> better.
>
> 제가 스트레스 해소를 위해 하는 두세 가지 활동들이 있습니다. 첫째로, 저는 운동을 합니다. 운동을 할 때면 오로지 운동 루틴에만 집중하기 때문에 스트레스를 주는 모든 일들을 잊게 됩니다. 둘째로, 저는 친구들을 만납니다. 문제가 있을 때면 항상 친구들을 만나고, 그들과 대화를 나누는 것은 기분을 좋게 만들어줍니다.

필수 패턴 **핵심 내용**

추가질문 🔊 MP3 3_27

Q How often do you meet your friends?
얼마나 자주 친구들을 만나나요?

A Honestly, I don't meet my friends as often as I used to because I'm tied up with my work.
솔직히, 저는 일로 바쁘기 때문에 예전만큼 친구들을 자주 만나지 않습니다.

> 🔊 MP3 3_28
>
> **50점⁺**
>
> There are <u>a couple of things</u> I do in order to **get rid of my stress**, and I am sure they are similar to that of other people. First, <u>working out relieves my stress</u>, so I go to the gym whenever I get stressed out. While I work out, the only thing that I have to focus on is my workout routine, so it <u>helps me forget</u> about the things that stress me out. The other thing is <u>hanging out</u> with my friends. I usually reach out to them in difficulty, and they are good at giving me wise advice on how to solve my problems. After having a conversation with them, I tend to <u>recover from my stress</u>.
>
> 제가 스트레스 해소를 위해 하는 두세 가지 활동들이 있는데, 다른 사람들이 하는 활동과 비슷하리라 생각합니다. 첫째로, 운동은 스트레스를 해소시켜주기 때문에, 저는 스트레스를 받을 때면 헬스장에 갑니다. 운동을 하는 동안 제가 집중해야 하는 것은 운동 루틴 뿐이기 때문에, 스트레스를 주는 일들을 잊는 데 도움이 됩니다. 다른 활동은 친구들을 만나는 것입니다. 보통 제가 어려울 때 친구들에게 연락하고, 그들은 문제에 대해 현명한 조언을 잘 해줍니다. 친구들과 대화를 나눈 뒤에는 스트레스로부터 회복하는 경향이 있습니다.

필수 패턴 **핵심 내용**

나만의 답변 만들기

앞서 배운 내용을 활용하여 나만의 답변을 만들어 보세요.

서론	

본론	

결론	

Question

How do you maintain good relationships with your coworkers?
동료들과 좋은 관계를 유지하는 방법은 무엇인가요?

💬 브레인스토밍

좋은 관계는 필수 ➡ 동등한 대우 ➡ 팀워크에 안 좋은 영향 ➡ 칭찬 ➡ 유익한 존경심 조성

💬 필수 패턴

- **A** is essential.
  A는 필수적입니다.

  Having a good relationship with co-workers is essential.
  동료들과 좋은 관계를 유지하는 것은 필수적입니다.

- I do a couple of things to 동사.
  저는 ~하기 위해 몇 가지를 합니다.

  I do a couple of things to have a good relationship with them.
  저는 그들과 좋은 관계를 유지하기 위해 몇 가지를 합니다.

- **A** have(has) a negative(positive) impact on **B** .
  A는 B에 부정적인(긍정적인) 영향을 줍니다.

  It will have a negative impact on our teamwork.
  우리의 팀워크에 부정적인 영향을 줄 것입니다.

- I know how 형용사 it is to 동사 ~ . ◀· 50점+
  저는 ~하는 것이 얼마나 형용사한지 압니다.

  I know how important it is to have a great relationship with my colleagues.
  저는 제 동료들과 좋은 관계를 유지하는 것이 얼마나 중요한지 압니다.

- If I don't (동사), it would 동사 ~ . ◀· 50점+
  제가 ~하지 않는다면, ~할 것입니다.

  If I don't, it would have a negative impact on our teamwork.
  하지 않으면, 우리의 팀워크에 부정적인 영향을 줄 것입니다.

Q How do you maintain good relationships with your coworkers?

동료들과 좋은 관계를 유지하는 방법은 무엇인가요?

💬 모범 답변

35점⁺

🔊 MP3 3_30

Having a good relationship with co-workers is essential. So, I do a couple of things to have a good relationship with them. First, I treat everyone fairly. If I don't, it will have a negative impact on our teamwork. Second, I give my colleagues compliments. Compliments always boost self-confidence.

동료들과 좋은 관계를 유지하는 것은 필수적입니다. 따라서, 그들과 좋은 관계를 유지하기 위해 제가 하는 몇 가지 것들이 있습니다. 첫째로, 저는 모두를 동등하게 대합니다. 그렇지 않으면, 우리의 팀워크에 부정적인 영향을 끼칠 것입니다. 둘째로, 저는 동료들에게 칭찬을 합니다. 칭찬은 항상 자존감을 높여줍니다.

필수 패턴 **핵심 내용**

50점⁺

🔊 MP3 3_31

I know how important it is to have a great relationship with my colleagues. So, there are many things I do in order to keep a healthy relationship with my coworkers. First of all, I try to treat everyone equally with respect. If I don't treat everyone fairly and show favoritism toward particular coworkers, it would have a negative impact on our teamwork. Second, I tend to praise coworkers who do well. Giving credit where it is deserved will always create healthy respect among coworkers.

저는 동료들과 좋은 관계를 유지하는 것이 얼마나 중요한지를 알고 있습니다. 따라서, 제 동료들과 좋은 관계를 유지하기 위해 하는 많은 것들이 있습니다. 첫째로, 저는 존중하는 마음을 갖고 모두를 동등하게 대하려고 노력합니다. 만약 제가 모두를 동등하게 대하지 않고, 특정 동료를 향한 편애를 드러낸다면, 우리의 팀워크에 부정적인 영향을 줄 것입니다. 둘째로, 저는 업무를 잘하는 동료를 칭찬하려고 합니다. 마땅한 일에 공로를 돌리는 것은 언제나 동료들 사이에 유익한 존경심을 조성할 것입니다.

필수 패턴 **핵심 내용**

📖 **어휘** essential 필수적인 treat 대하다 fairly 동등하게 compliment 칭찬 boost 북돋우다 self-confidence 자신감 favoritism 편애 praise 칭찬하다 deserve ~을 받을 만하다 respect 존경(심)

🔧 송쌤의 꿀팁

▸ how가 형용사와 함께 사용이 될 때에는 얼마나 형용사 한지 이지만 how 단독으로 사용될 때에는 방법을 나타내는 어떻게 로 사용이 된답니다. How old are you? 와 How did you get there? 의 해석이 달라진다는 점 꼭 기억해주세요!

나만의 답변 만들기

앞서 배운 내용을 활용하여 나만의 답변을 만들어 보세요.

서론	
본론	
결론	

UNIT 4 과거의 일

과거에 있었던 일에 대해 물어보는 문제입니다. 반드시 시제에 유의하여 과거형으로 대답해야 합니다.

💬 문제 예시

- Was there a time when your day or schedule was affected by the weather?
- Can you please tell me about the worst trip you have ever had?
- Did you do anything special during the weekend?

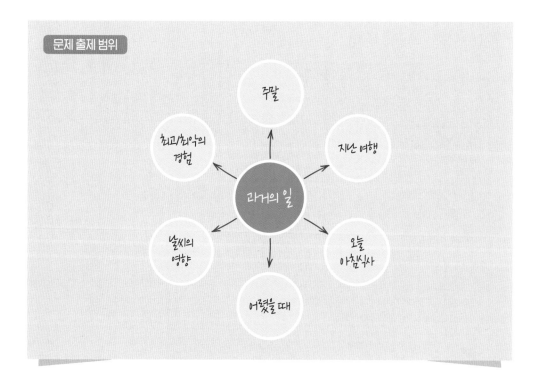

문제 출제 범위

- 주말
- 지난 여행
- 최고/최악의 경험
- 과거의 일
- 오늘 아침식사
- 날씨의 영향
- 어렸을 때

Question 날씨의 영향 | 최악의 경험(여행) | 주말   🔊 MP3 3_32

Was there a time when your day or schedule was affected by the weather?
당신의 하루나 계획이 날씨의 영향을 받았던 적이 있나요?

💬 브레인스토밍

| 지난 겨울 | ➡ | 중요한 일로 출장 예정 | ➡ | 중요한 일이었음 | ➡ | 날씨 때문에 비행기 지연됨 | ➡ | 안 좋은 영향 |

💬 필수 패턴

- **I was supposed to 동사 ~ .**
  저는 ~할 예정이었습니다.

  I was supposed to meet my friend, but something came up.
  저는 친구를 만날 예정이었지만, 일이 생겼습니다.

- **A have(has) a positive (negative) effect on B .**
  A는 B에 긍정적인(부정적인) 영향을 줍니다.

  The meeting had a negative effect on the project.
  그 회의가 프로젝트에 부정적인 영향을 주었습니다.

- **주어 put a lot of effort into 동사ing ~ .** 50점+
  주어는 ~하는 데 많은 노력을 들입니다.

  I've put a lot of effort into making it happen.
  저는 그 일이 일어나는 데 많은 노력을 들였습니다.

- **주어 put a lot of effort into 명사 ~ .** 50점+
  주어는 ~하는 데 많은 노력을 들입니다.

- **As 주어 get 형용사 비교급, ~** 50점+
  주어가 ~될수록,

  As I got older,
  제가 나이가 들어가면서,

- **주어 end up 동사ing ~ .** 50점+
  주어는 결국 ~하게 됩니다.

  The flight ended up being delayed.
  비행기는 결국 지연되었습니다.

CHAPTER 3

개인 질문

Q Was there a time when your day or schedule was affected by the weather?
당신의 하루나 계획이 날씨의 영향을 받았던 적이 있나요?

💬 모범 답변

🔊 MP3 3_33

35점⁺

It was last winter. I was supposed to go on a business trip because of an important deal. I worked so hard on it, so it was very important to me. However, my flight was delayed because of the bad weather. As a result, I couldn't go on the business trip and it had a bad effect on the deal.

지난 겨울의 일입니다. 저는 중요한 거래 건으로 출장을 갈 예정이었습니다. 그 일을 정말 열심히 했기 때문에 굉장히 중요한 것이었습니다. 하지만 좋지 않은 날씨로 비행편이 지연됐습니다. 결과적으로 저는 출장을 갈 수 없었고, 이는 그 거래에 좋지 않은 영향을 미쳤습니다.

필수 패턴 **핵심 내용**

🔊 MP3 3_34

50점⁺

Last winter, I was scheduled to go on a business trip to close a deal with my client. I was really excited about the business trip because I had been working on it for a long time. It meant a lot to me because I'd put a lot of effort into clinching the deal. However, as I got closer to the airport, it started snowing a lot and I became really anxious as the weather got worse. Unfortunately, my flight ended up being delayed, and it had a negative effect on the deal.

지난 겨울, 저는 제 고객과의 거래를 성사시키기 위해 출장을 갈 예정이었습니다. 그 프로젝트를 아주 오랫동안 진행했기 때문에, 출장을 떠나는 것이 매우 기뻤습니다. 거래를 성사시키기 위해 정말 많은 수고를 들였기 때문에 저에게는 정말 의미가 큰 일이었습니다. 하지만, 공항이 가까워지자 눈이 많이 내리기 시작했고 날씨가 더 악화되었기 때문에 저는 아주 불안해졌습니다. 불행히도, 제 비행편은 지연됐고 이는 그 거래에 부정적인 영향을 미쳤습니다.

필수 패턴 **핵심 내용**

📖 **어휘** be supposed to ~하기로 되어 있다 **delay** 연기하다 **clinch** 성사시키다, 매듭을 짓다 **end up -ing** 결국 ~하게 되다

🔧 송쌤의 꿀팁

▸ delay 는 지연하다, 지연시키다 라는 뜻으로 지연되다 라고 사용하실 때에는 수동형인 be delayed 라고 사용해야 해요! 또한, 비슷한 뜻의 단어로 postpone 이라는 단어가 있는데, 이는 연기하다 의 뜻으로 delay 와는 약간 다르게 사용이 됩니다. 지연하다 와 연기하다 를 알맞은 상황에 잘 선택해서 사용해주세요!

나만의 답변 만들기

앞서 배운 내용을 활용하여 나만의 답변을 만들어 보세요.

서론	

본론	

결론	

Can you please tell me about the worst trip you have ever had?
최악의 여행 경험에 대해 이야기기해주시겠어요?

💬 브레인스토밍

💬 필수 패턴

- The best(worst) 명사 that I 동사 ~ .
  제가 ~한 최고의(최악의) -는 ~입니다.

  The worst trip that I took was when I visited Guam last year with my family.
  최악의 여행은 작년에 가족들과 함께 괌에 방문했을 때입니다.

- ▢ A ▢ is famous for ▢ B ▢ .
  A는 B로 유명합니다.

  Guam is famous for cool activities such as dolphin cruises and snorkeling.
  괌은 돌고래 크루즈나 스노클링과 같은 멋진 활동으로 유명합니다.

- 주어 wanted to 동사원형.
  주어는 ~하기를 원했습니다.

  We booked tickets for a dolphin cruise because we wanted to see them closely.
  돌고래를 가까이서 보고 싶었기 때문에, 우리는 돌고래 크루즈 티켓을 예약했습니다.

- The 최상급 + 명사 that I've ever 동사p.p ~ . ◦ 50점+
  제가 이제까지 ~했던 가장 ~한 -였습니다.

  That was the worst trip experience I've ever had.
  제가 여태까지 경험했던 최악의 여행이었습니다.

- 주어 was/were (not) able to 동사원형. ◦ 50점+
  주어는 ~할 수 있(없)었습니다.

  We weren't able to see any dolphins that day.
  그 날 우리는 돌고래를 한 마리도 볼 수 없었습니다.

Q Can you please tell me about the worst trip you have ever had?

최악의 여행 경험에 대해 이야기기해주시겠어요?

모범 답변

35점⁺

MP3 3_36

The worst trip that I took was when I visited Guam last year with my family. Guam is famous for cool activities such as dolphin cruises and snorkeling. So, we booked tickets for a dolphin cruise because we wanted to see them closely. However, the weather was really bad on that day, so we couldn't see any dolphins and just came back to our hotel. It was really expensive, but it was the worst experience.

최악의 여행은 작년에 가족들과 함께 괌에 방문했을 때입니다. 괌은 돌고래 크루즈나 스노클링 같은 멋진 활동으로 유명합니다. 돌고래를 가까이서 보고 싶었기 때문에, 우리는 돌고래 크루즈 티켓을 예약했습니다. 하지만, 당일 날씨가 너무 좋지 않아 돌고래를 한 마리도 볼 수 없었고, 호텔로 그냥 돌아왔습니다. 돌고래 크루즈는 정말 비쌌지만, 최악의 경험이었습니다.

필수 패턴 **핵심 내용**

50점⁺

MP3 3_37

I visited Guam with my family last year. We booked tickets for a dolphin cruise, which is an activity where people ride on a boat to see dolphins. Even though it was quite over my budget, I was okay because I had such high expectations. On the day of the activity, after sailing for a few minutes, we received a storm alert and our boat had to return to port. We weren't able to see any dolphins that day, and I was really disappointed because I had been looking forward to seeing the dolphins for a long time. That was the worst trip experience I've ever had.

저는 작년에 가족들과 함께 괌을 방문했습니다. 우리는 돌고래를 보기 위해 배를 타고 이동하는 활동인 돌고래 크루즈 티켓을 예약했습니다. 예산을 꽤 넘는 가격이었지만, 큰 기대를 갖고 있었기 때문에 괜찮았습니다. 활동을 하는 날 몇 분의 항해 후, 우리는 폭풍우 경보를 받고 항구로 다시 돌아와야 했습니다. 그날 우리는 돌고래를 한 마리도 볼 수 없었고, 오랫동안 돌고래 보기를 기대해왔기 때문에 저는 굉장히 실망했습니다. 제가 여태까지 경험했던 최악의 여행이었습니다.

필수 패턴 **핵심 내용**

> **어휘** be famous for ~로 유명하다 book 예약하다 expensive 비싼 over one's budget ~의 예산을 넘는
> expectation 기대 sailing 항해 receive 받다 be able to ~할 수 있다 disappointed 실망한
> look forward to -ing ~하기를 고대하다

앞서 배운 내용을 활용하여 나만의 답변을 만들어 보세요.

서론	

본론	

결론	

Question

날씨의 영향 | 최악의 경험(여행) | 주말　　　　🔊 MP3 3_38

Tell me about your last weekend. Did anything special happen?
지난 주말에 대해 말해주세요. 특별한 일이 있었나요?

💬 브레인스토밍

가족과 공원 감 ➡ 집 앞 위치 ➡ 산책, 날씨 만끽 ➡ 레스토랑에서 저녁 ➡ 특별하진 않았지만 좋았음

💬 필수 패턴

- **There is(are)　　A　　.**
  A가 있습니다.

  There is a park near my house, so we often go there to take a walk.
  집 근처에 공원이 있어서, 우리는 종종 산책하러 갑니다.

- **something(nothing/anything) 형용사 ~**
  ~하는 무언가(~한 것이 없는/어떤 것)

  I wanted to do something special.
  저는 무언가 특별한 것을 하고 싶었습니다.

- **주어 decided (not) to 동사 ~ .** ← 50점+
  주어는 ~하기로(하지 않기로) 결정했습니다.

  I decided to go for a walk to a park which is close to my house.
  저는 집에서 가까운 공원에 산책을 가기로 했습니다.

- **주어 feel grateful for being able to 동사 ~ .** ← 50점+
  주어는 ~할 수 있어서 감사함을 느낍니다.

  I felt grateful for being able to spend quality time with my family.
  저는 가족들과 함께 귀중한 시간을 보낼 수 있어 감사했습니다.

- **A sound(s) 형용사 .** ← 50점+
  A는 ~인 것 같습니다.

  It doesn't sound that special.
  그렇게 특별하지는 않은 것 같습니다.

CHAPTER 3

개인 질문

Q Tell me about your last weekend. Did anything special happen?
지난 주말에 대해 말해주세요. 특별한 일이 있었나요?

💬 모범 답변

35점⁺

🔊 MP3 3_39

My family and I went to a park. There is a park near my house, so we often go there to take a walk. We took a walk and enjoyed the good weather. After that, we went to a pasta restaurant for dinner because my family loves pasta. It was nothing special, but it was great.

제 가족과 저는 공원에 갔습니다. 집 근처에 공원이 있어서 우리는 산책을 위해 종종 그곳에 갑니다. 우리는 산책을 했고 화창한 날씨를 즐겼습니다. 그 뒤에는, 가족들이 파스타를 좋아하기 때문에 저녁을 먹으러 파스타 레스토랑에 갔습니다. 특별한 건 없었지만, 정말 좋았습니다.

필수 패턴 **핵심 내용**

50점⁺

🔊 MP3 3_40

It was great, but I didn't do anything special. Well, the weather was great on both days, so my family and I decided to go for a walk to a park which is located within a walking distance of my house. When we got there, there were already many people walking and kids playing while enjoying the great weather. After spending a few hours in the park, we stopped by a restaurant called LaLa Pasta, which is my family's favorite, for dinner and came back home. It doesn't sound that special, but I felt grateful for being able to spend quality time with my family.

주말은 좋지만, 특별한 걸 하진 않았습니다. 음, 이틀 동안 날씨가 좋아 제 가족과 저는 집에서 걸어서 갈 수 있는 거리의 공원으로 산책을 가기로 했습니다. 공원에 도착했을 때는 이미 화창한 날씨를 즐기며 산책을 하는 많은 사람들과 놀고 있는 아이들이 있었습니다. 공원에서 몇 시간을 보내고는 우리가 가장 좋아하는 라라 파스타라는 레스토랑에 들러 저녁을 먹고 집으로 돌아왔습니다. 그렇게 특별하진 않지만, 가족들과 함께 귀중한 시간을 보낼 수 있어 감사한 주말이었습니다.

필수 패턴 **핵심 내용**

📖 **어휘** decide to ~하기로 하다　be located ~에 위치해 있다　within walking distance 걸어서 갈 수 있는 거리에
one's favorite ~이 가장 좋아하는　sound ~인 것 같다　grateful 감사하는　quality time 귀중한 시간

🔧 송쌤의 꿀팁

▸ 부정문과 의문문에서 형용사 앞에 that은 그렇게, 그만큼 이란 뜻으로 사용됩니다. It is not that expensive 하면 그렇게 비싸지 않아라는 뜻이에요. 회화에서 정말 많이 사용되니 반드시 알아주세요!

앞서 배운 내용을 활용하여 나만의 답변을 만들어 보세요.

서론	
본론	
결론	

UNIT 5 가정해 보기

실제로 일어나기 힘들 법한 일이나, 미래에 하고 싶은 일 혹은 계획을 묻는 질문이 주로 나옵니다. 가정한 상황에 따라 어떻게 할 것인지, 하고 싶은 지 답변하는 문제 유형입니다. 가정법 would를 잘 사용하여 답변해야 합니다.

문제 예시

- Imagine you just won the lottery. How would you spend the money?
- Is there a specific place you would like to visit for your next vacation?
- Tell me about a policy you would want to change the most.

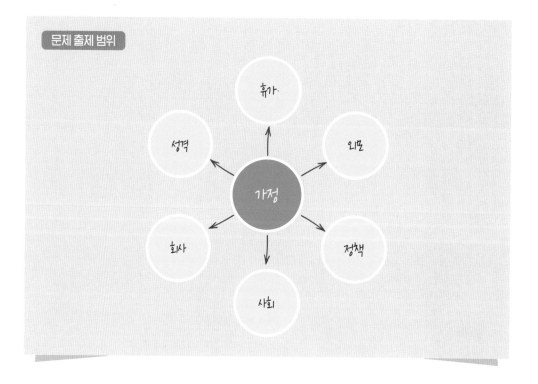

문제 출제 범위

휴가 / 외모 / 정책 / 사회 / 회사 / 성격 → 가정

Question

Imagine you just won the lottery. How would you spend the money?
복권에 당첨되었다고 상상해보세요. 그 돈을 어떻게 사용할 것인가요?

💬 브레인스토밍

기분이 좋음 ➡ 부모님께 반을 드림 ➡ 희생을 많이 하심 ➡ 집을 삼 ➡ 일부 기부

💬 필수 패턴

- **If I 동사 과거형, I would 동사원형 ~ .**
  만약 ~한다면, 저는 ~하고 싶습니다.

  If I could change one thing about my appearance, I would change my height.
  제 외형 중 하나를 바꿀 수 있다면, 키를 바꾸고 싶습니다.

- **I would like(love) to 동사 ~ .**
  저는 ~하고 싶습니다.

  I would like(love) to go to Jeju Island for my next vacation.
  다음 휴가로 제주도에 가고 싶습니다.

- **Just thinking about it makes me 형용사(동사원형) ~ .** •50점+
  생각하는 것만으로도 ~합니다.

  Just thinking about it makes me feel really good.
  그것을 생각하는 것만으로도 기분이 정말 좋습니다.

- **It has always been my dream to 동사원형.** •50점+
  ~하는 것이 항상 저의 꿈이었습니다.

  It has always been my dream to become a homeowner.
  집을 소유하게 되는 것이 항상 저의 꿈이었습니다.

- **It is right for 목적어 to 동사원형.** •50점+
  목적어가 ~하는 것이 옳습니다.

  I think it is right for me to give back to society.
  사회에 환원하는 것이 옳다고 생각합니다.

Q Imagine you just won the lottery. How would you spend the money?
복권에 당첨되었다고 상상해보세요. 그 돈을 어떻게 사용할 것인가요?

💬 모범 답변

35점⁺ 🔊 MP3 3_42

If I won the lottery, I would feel very happy. I would love to spend the money on many things. First, I would give half of the money to my parents because they have sacrificed a lot for me. Next, I would buy a house for my family. Lastly, I would also like to give some of the money to the poor.

복권에 당첨된다면, 저는 매우 행복할 것입니다. 그 돈을 많은 곳에 사용하고 싶습니다. 첫째로, 저를 위해 부모님이 많은 희생을 하셨기 때문에 당첨금의 반을 부모님에게 드릴 것입니다. 다음으로, 가족을 위한 집을 구매할 것입니다. 또한 마지막으로, 가난한 사람들을 위해 일부를 전달할 것입니다.

필수 패턴 **핵심 내용**

50점⁺ 🔊 MP3 3_43

Wow, just thinking about it makes me feel really good! First of all, I would give half of my winnings to my parents because they have sacrificed so much of their lives to raise me and make me into the person I am today. Next, I would buy a home for my family because it has always been my dream to become a homeowner. Lastly, if I have some money left over, I would like to donate all of it to charity. I know there are many people who are in need, and I think it is right for me to give back to society.

와우, 생각만 하는 것으로도 기분이 정말 좋습니다! 첫째로, 저를 키워 주시고 오늘날의 저로 만들기 위해 그들의 삶을 아주 많이 희생한 부모님에게 상금의 반을 드릴 것입니다. 그 다음으로, 주택 소유주가 되는 것이 늘 꿈이었기 때문에 가족을 위한 집을 구매할 것입니다. 마지막으로, 남는 돈이 있다면 자선 단체에 전부를 기부할 것입니다. 도움이 필요한 사람이 많다는 것을 알고, 사회에 환원하는 것이 옳은 일이라고 생각하기 때문입니다.

필수 패턴 **핵심 내용**

추가 답변

- I wish this would happen to me, but I know there's a fat chance of winning!
  그런 일이 생기길 바라지만, 당첨 가능성이 매우 희박하다는 것을 알고 있습니다!

📖 **어휘** win the lottery 복권에 당첨되다 sacrifice 희생하다 raise 키우다, 기르다 homeowner 주택 소유주
donate 기부하다 charity 자선 단체

나만의 답변 만들기

앞서 배운 내용을 활용하여 나만의 답변을 만들어 보세요.

서론	
본론	
결론	

Question

Have you thought of a place you would like to visit for your next vacation?
다음 휴가로 가고 싶은 장소에 대해 생각해 봤나요?

🖭 브레인스토밍

제주도 ➡ 유명한 관광 명소 ➡ 즐길 거리가 많음 ➡ 이국적임 ➡ 산과 바다를 좋아하는 모두에게 좋음

🖭 필수 패턴

- **A is one of the 최상급 + 복수명사 ~ .**
  A는 가장 ~한 -중 하나입니다.

  Jeju Island is one of the most popular tourist destinations in Korea.
  제주도는 한국에서 가장 인기 있는 관광지 중 하나입니다.

- **Even though 주어 + 동사, ~ .**
  주어가 ~하더라도, ~입니다.

  Even though it was over my budget, I was okay.
  예산을 초과했지만, 저는 괜찮았습니다.

- **It takes 시간(기간) (to 동사) ~ .**
  ~하는 데 -의 시간(기간)이 소요됩니다.

  It takes 10 minutes from my house to my office.
  집에서 회사까지 가는 데 10분 걸립니다.

- **There is something(nothing) to 동사 ~ .** •50점+
  ~할 무언가가 있(없)습니다.

- **There are many things to 동사 ~ .** •50점+
  ~할 것이 많습니다.

- **feel like 주어 + 동사 ~ .** •50점+
  주어가 ~한 느낌이 듭니다.

  You'll feel like you're in a whole other country.
  완전히 다른 나라에 있는 느낌이 들 것입니다.

Q Have you thought of a place you would like to visit for your next vacation?
다음 휴가로 가고 싶은 장소에 대해 생각해 봤나요?

😐 **모범 답변**

점**+**   🔊 MP3 3_45

I would like to go to Jeju Island because Jeju Island is one of the most popular tourist destinations in Korea. First, you can enjoy many things. Second, it's very exotic even though it takes only an hour by plane. Last, it's good for mountain-goers and ocean-goers because there are many mountains and beaches.

제주도는 한국에서 가장 인기있는 관광지 중 하나이기 때문에 저는 제주도를 가고 싶습니다. 첫째로, 제주도에서는 많은 것을 즐길 수 있습니다. 둘째로, 비행기로 한 시간 밖에 걸리지 않지만 제주도는 매우 이국적입니다. 마지막으로, 산과 바다가 많기 때문에 산을 좋아하는 사람과 바다를 좋아하는 사람 모두에게 좋습니다.

필수 패턴 **핵심 내용**

추가 질문   🔊 MP3 3_46

Q Could you please recommend a place in your country that I should visit?
당신의 나라에서 제가 방문하면 좋을 장소를 추천해주시겠어요?
* 국내 휴가로 가고 싶은 장소에 쓰이는 답변은 방문하면 좋은 장소 추천에 대한 질문의 답변으로 활용 할 수 있습니다.

점**+**   🔊 MP3 3_47

For my next vacation, I would like to go to Jeju Island for a couple of reasons. First of all, Jeju Island is one of the most popular vacation destinations in Korea with its exotic features and outstanding nature, and there are tons of things to see and do. Second, although it is only an hour flight from Seoul, you'll feel like you're in a whole other country with its palm trees and sea breeze. Lastly, it is popular among hikers and surfers like me because it has the highest mountain in South Korea and nice beaches.

제 다음 휴가로는 몇 가지 이유로 제주도에 가고 싶습니다. 첫째로, 이국적인 특색과 뛰어난 자연 경관으로 제주도는 한국에서 가장 인기있는 관광지 중 하나이고, 보고 즐길 것이 아주 많습니다. 둘째로, 서울에서 한 시간 정도의 비행 거리이지만, 야자 나무와 바닷바람으로 완전히 다른 나라에 와있는 느낌을 받을 것입니다. 마지막으로, 제주도는 저와 같은 등산객이나 서핑을 좋아하는 사람들에게 유명한데, 대한민국에서 가장 높은 산과 멋진 바다가 있기 때문입니다.

필수 패턴 **핵심 내용**

어휘 tourist destination 관광지 exotic 이국적인 mountain-goers 산을 좋아하는 사람 ocean-goers 바다를 좋아하는 사람 feature 특색 outstanding 뛰어난 tons of 수많은

앞서 배운 내용을 활용하여 나만의 답변을 만들어 보세요.

서론	
본론	
결론	

Tell me about a policy you would want to change the most.
가장 바꾸고 싶은 정책에 대해 말해주세요.

💬 브레인스토밍

교육 시스템 ➡ 학생들이 힘들어 함 ➡ 많은 요구사항, 스트레스를 줌 ➡ 대학 시험을 위한 더 많은 기회 ➡ 현재 1년에 한 번의 기회

💬 필수 패턴

- **If I could, I would 동사 ~ .**
  가능하다면, 저는 ~하고 싶습니다.

  If I could, I would change the Korean education system.
  할 수 있다면, 저는 한국의 교육 시스템을 바꾸고 싶습니다.

- **주어 has(have) a hard time 동사ing ~ .**
  주어는 ~하는 데 힘든 시간을 보냅니다.

  I've been having a hard time getting used to my new job.
  저는 새 직장에 적응하는 데 힘든 시간을 보내고 있습니다.

- **주어 am(are/is) allowed to 동사 ~ .** ・50점+
  주어는 ~하는 것이 허용됩니다.

  I'm only allowed to wear jeans on Fridays.
  저는 금요일에만 청바지를 입을 수 있습니다.

- **as - as** ・50점+
  ~만큼

  Students should be allowed to take the college entrance exam as many times as they want.
  학생들은 그들이 원하는 만큼 대학 입학 시험을 치를 수 있어야 합니다.

- **All 주어 + 동사 is to 동사 ~ .** ・50점+
  주어가 ~하는 것은 오로지 ~하는 것입니다.

  All I wish for is to give students more opportunities.
  제 원하는 것은 오로지 학생들에게 기회를 더 주는 것입니다.

CHAPTER 3 개인 질문

Q Tell me about a policy you would want to change the most.
가장 바꾸고 싶은 정책에 대해 말해주세요.

💬 모범 답변

35점+ 🔊 MP3 3_49

If I could, I would **change the Korean education system**. A lot of students in Korea are having a hard time **because of it**. It is very **stressful** and **demanding**. So, I think we need to change the system. Plus, students should get **more chances** to take the **college entrance exam** in a year. Currently, Korean students have **only one chance per year**. This is so harsh!

가능하다면, 한국의 교육 시스템을 변화시키고 싶습니다. 한국의 많은 학생들이 이 때문에 힘들어하기 때문입니다. 매우 스트레스를 주고 부담이 큰 시스템입니다. 따라서, 그 시스템을 변화시켜야 합니다. 추가로, 학생들은 1년에 대학 입학 시험을 치르는 기회를 더 많이 가져야 합니다. 현재 한국 학생들은 1년에 단 한 번의 기회를 갖습니다. 이것은 너무 가혹한 것 같습니다!

필수 패턴 **핵심 내용**

50점+ 🔊 MP3 3_50

If I could **change any policy in my country**, it would **definitely** have to do with **the current education system**. Hundreds of thousands of students in Korea are suffering from a strict and overly competitive education system that is both **stressful** and **demanding**, and I think it is time to restructure the system. First and foremost, students should be allowed to **take the college entrance exam** as many times as **they want**. Currently, all high school seniors are only **given one chance** to take the exam in a year, and I think this is too harsh on them. **All I wish for** is to **give students more opportunities**.

우리 나라에서 어떤 정책이든 변화시킬 수 있다면, 분명히 현재 교육 시스템과 관련된 것일 겁니다. 굉장히 많은 한국 학생들이 큰 스트레스와 부담을 주는 엄격하고 경쟁이 과도한 교육 시스템으로 고통받고 있고, 이제는 시스템을 개혁해야 할 때인 것 같습니다. 가장 첫째로, 학생들은 대학 입학 시험을 원하는 만큼 치를 수 있어야 합니다. 현재 모든 고등학교 졸업반의 학생들은 1년에 이 시험을 치를 단 한 번의 기회를 갖고, 이것은 너무 가혹하다고 생각합니다. 제가 바라는 바는 학생들에게 더 많은 기회를 주는 것입니다.

필수 패턴 **핵심 내용**

🖐 송쌤의 꿀팁

▸ first and foremost 은 무엇보다도, 먼저 라는 뜻으로 중요한 말을 하기 전에 쓸 수 있는 표현입니다. 주장을 펼칠 때에 이유를 논리적으로 말할 때에 사용할 수 있는 유용한 표현입니다.

나만의 답변 만들기

앞서 배운 내용을 활용하여 나만의 답변을 만들어 보세요.

서론	
본론	
결론	

CHAPTER 4

지문
요약하기

지문 요약하기 전략

스토리텔링
· 이야기하다 라는 뜻이며, 주로 시간 및 사건의 변화를 통해 이야기 전개
· 지문을 들을 때 중심 대상을 먼저 파악하고 인과 관계 중점적으로 듣기

단순 요약
· 특정한 사실, 주제를 가지고 근거를 제시하며 설명하는 지문 주로 등장
· 지문의 첫 문장에서 주제를 말하는 경우가 많으므로 지문 초반에 특히 집중해서 듣기
· 제시하는 근거를 모두 들으려고 하기 보다 확실하게 2가지 정도 기억해 두는 것이
  답변할 때 효과적

SPA 시험 평가 항목 중 청취력과 답변 능력을 평가하는 문제 유형으로 답변을 할 때에는
들은 내용을 자신만의 언어로 바꿔서 말하는 것이 중요합니다.

듣기 연습	지문을 듣고 답변에 필요하다고 생각되는 내용을 적어봅니다.
받아쓰기	지문을 다시 들으며 빈칸을 채워보는 연습을 합니다.
지문 분석	지문을 읽어보며 내가 들은 내용이 맞는지, 내가 생각한 핵심내용이 적절한지 확인해 봅니다.
핵심 내용 파악하기	내가 생각한 핵심내용과 지문을 교차 확인해 봅니다.
고득점 Paraphrasing (패러프레이징)	50점 이상의 고득점을 목표로 하는 학습자는 핵심내용을 paraphrasing 하는 연습을 해봅니다.

* paraphrasing(패러프레이징): 글 속의 문구 및 문장을 뜻이 바뀌지 않는 선에서 유사한 어휘를 사용하여
  문장을 쉽게 풀어내는 것을 말합니다.

서론

- **This is a story about** A (중심 대상) .
  이것은 A(중심 대상)의 이야기입니다.

- **This story is about** A (중심 대상) .
  이 이야기는 A(중심 대상)에 관한 것입니다.

본론

- **According to the story, 주어 + 동사 ~ .**
  이 이야기에 따르면, ~ .

  According to the story, robots are becoming more common in our daily lives.
  이 이야기에 따르면, 로봇은 우리의 일상생활에서 점점 흔해지고 있습니다.

- **Based on what I heard, 주어 + 동사 ~ .**
  제가 들은 것에 따르면, ~ .

  Based on what I heard, her mother scolds her for not studying hard.
  제가 들은 것에 따르면, 그녀의 어머니는 그녀가 공부를 열심히 하지 않는 것에 대해 혼냈습니다.

- **I don't know if I heard it right, ~ .**
  제가 정확히 들었는지 모르겠지만, ~ .

  I don't know if I heard it right, but I guess she failed the exam.
  제가 정확히 들었는지 모르겠지만, 제 생각에 그녀는 시험에 낙제했습니다.

- **The reason why 주어 1 + 동사 1 ~ is because 주어 2 + 동사 2 ~ .**
  주어 1 + 동사 1를 한 이유는 주어 2 + 동사 2 했기 때문입니다.

  The reason why her mother scolds her is because she never tries to improve her habit.
  그녀의 어머니가 그녀를 혼내는 이유는 그녀가 습관을 고치려는 노력이 전혀 없었기 때문입니다.

마무리

- **This is pretty much everything that I've heard.**
  이것이 제가 들은 거의 모든 이야기입니다.

UNIT 6 스토리텔링 1
일상 생활

등장인물이 등장하고, 시간/사건 변화에 따라 이야기의 흐름이 정해지는 전형적인 '스토리텔링'의 지문 구조 입니다. 중심 대상을 먼저 파악하고, 그 대상을 중심으로 일어나는 일들을 시간과 인과관계를 중점적으로 듣습니다.

💬 듣기 연습 & 받아쓰기

MP3 4_1

지문을 듣고 답변에 필요하다고 생각되는 내용 혹은 글의 주제 및 기억나는 단어를 적어본 뒤 지문을 다시 들으며 빈칸을 채워 보세요.

Sandy was an ① _____ student who always ② _____ for a test until the last minute. Her mother always ③ _____ her ④ _____ not taking her studies more seriously, and Sandy would ⑤ _____ to ⑥ _____ her ⑦ _____, but she never did. Then, one day, she went to school and was ⑧ _____ that there was an ⑨ _____ the next day. She didn't have enough time to study, so she ⑩ _____ a very ⑪ _____ on the test. ⑫ _____ the class, she ⑬ _____ a lot of ⑭ _____ for her teacher, and it was very ⑮ _____. After that experience, she ⑯ _____ finally ⑰ _____ her ways.

정답
① unmotivated ② put off studying ③ scolded ④ for ⑤ promise ⑥ improve ⑦ habits
⑧ surprised to learn ⑨ important test ⑩ got ⑪ low score ⑫ In order to pass ⑬ had to do
⑭ extra work ⑮ stressful ⑯ decided to ⑰ change

Question

Listen to the passage and summarize it.
지문을 듣고 요약해 주세요.

Sandy was an unmotivated student who ① always put off studying for a test until the last minute. ② Her mother always scolded her **for not taking her studies more seriously, and Sandy would promise to improve her habits,** but she never did. Then, one day, ③ she **went to school and** was surprised to learn that there was an important test the next day. **She didn't have enough time to study, so** ④ she got a very low score on the test. **In order to pass the class,** ⑤ she had to do a lot of extra work for her teacher, and it was very stressful. **After that experience,** ⑥ she decided to finally change her ways.

핵심 내용

샌디는 항상 시험 공부를 마지막까지 미루는, 동기부여가 되지 않은 학생이었습니다. 그녀의 어머니는 그녀가 공부를 조금 더 진지하게 생각하지 않는 것에 대해 항상 그녀를 혼냈고 샌디는 습관을 고치겠다고 약속했지만, 절대로 그러지 않았습니다. 그러던 어느 날, 학교에 간 그녀는 그 다음 날 중요한 시험이 있다는 것을 알고 놀랐습니다. 그녀에게는 충분히 공부할 수 있는 시간이 없었고, 시험에서 굉장히 낮은 점수를 받았습니다. 수업에 통과하기 위해 그녀는 많은 양의 추가 과제를 선생님께 제출해야 했고, 그것은 매우 스트레스를 받게 했습니다. 그 경험 후에, 그녀는 결국 태도를 바꾸기로 결심했습니다.

🗨 지문 분석 및 핵심내용 파악하기

핵심내용

❶ • 샌디
• 공부를 항상 미룸   ➡

❷ • 엄마한테 혼남
• 변하지 않음   ➡

❸ • 시험이 있는 줄 모름   ➡

❹ • 낮은 점수를 받음   ➡

❺ • 추가 숙제 등 고생을 함   ➡

❻ • 변하기로 함

① Sandy always put off studying until the last minute.
   샌디는 항상 마지막까지 공부하기를 미뤘습니다.

➡ Sandy would procrastinate and not study until the last moment.
   샌디는 계속 미루다 마지막까지도 공부하지 않았습니다.

② Her mother scolded her, but she never listened.
   어머니가 그녀를 혼냈지만, 그녀는 절대 귀를 기울이지 않았습니다.

➡ It didn't seem like she was willing to change her bad habit.
   그녀는 나쁜 습관을 고칠 생각이 없어 보였습니다.

③ Sandy was surprised that there was an important test the next day.
   샌디는 그 다음 날 중요한 시험이 있다는 것을 알고 놀랐습니다.

➡ Sandy's jaw dropped in surprise when she found out about the test.
   시험에 대해 알게 되었을 때 샌디는 입이 벌어질 정도로 놀랐습니다.

④ Sandy got a low score because she didn't have enough time to study.
   충분히 공부할 수 있는 시간이 없었기 때문에 샌디는 낮은 점수를 받았습니다.

➡ She failed the exam as she didn't have enough time to study.
   충분히 공부할 수 있는 시간이 없었기 때문에 샌디는 시험에 낙제했습니다.

⑤ Sandy had to do a lot of extra work, and it was stressful.
   샌디는 많은 양의 추가 과제를 해야 했고, 그것은 스트레스를 받게 했습니다.

➡ She had to go through a lot of stress to pass the class.
   그녀는 수업에 통과하기 위해 많은 스트레스를 겪어야 했습니다.

⑥ She finally decided to change her way.
   결국 그녀는 태도를 바꾸기로 결심했습니다.

➡ She was able to change her habit of procrastinating.
   그녀는 일을 미루는 습관을 바꿀 수 있었습니다.

Listen to the passage and summarize it.

지문을 듣고 요약해 주세요.

🔊 MP3 4_3

Sandy was an unmotivated student who ① always put off studying for a test until the last minute. ② Her mother always scolded her for not taking her studies more seriously, and Sandy would promise to improve her habits, but she never did. Then, one day, ③ she went to school and was surprised to learn that there was an important test the next day. She didn't have enough time to study, so ④ she got a very low score on the test. In order to pass the class, ⑤ she had to do a lot of extra work for her teacher, and it was very stressful. After that experience, ⑥ she decided to finally change her ways.

핵심 내용

💬 모범 답변

35점+

🔊 MP3 4_4

This is a story about Sandy. According to the story, she always put off studying. Her mother always scolded her, but she never changed. One day, she was surprised because there was a test the next day. I don't know if I heard it right, but she failed because she didn't have time to study. She had to do a lot of extra work to pass the class, and after that experience, she learned her lesson.

이것은 샌디의 이야기입니다. 이야기에 따르면, 그녀는 항상 공부하기를 미뤘습니다. 어머니는 항상 그녀를 혼냈지만, 그녀는 절대 변하지 않았습니다. 어느 날, 그녀는 그 다음 날 시험이 있다는 것에 놀랐습니다. 제가 정확히 들었는지 모르겠지만, 충분히 공부할 수 있는 시간이 없었기 때문에 그녀는 낙제했습니다. 그녀는 수업에 통과하기 위해 많은 양의 추가 과제를 해야 했고, 그 경험 후에 교훈을 얻었습니다.

필수 패턴

예상 추가 질문 🔊 MP3 4_5

Q Do you tend to procrastinate?
해야 할 일을 미루는 편인가요?

Q Have you ever procrastinated on a task until the last minute?
마지막까지 일을 미룬 적이 있나요?

50점+

This story is about ① Sandy who always procrastinated and didn't study until the last moment. She was always scolded by her mother for not studying hard, but ② it didn't seem like she was willing to change her bad habit. One day at school, ③ Sandy's jaw dropped in surprise because there was an important exam the next day. ④ She failed the exam as she didn't have enough time to study. So, ⑤ she had to study really hard and go through a lot of stress to pass the class. After experiencing this, ⑥ she was finally able to change her habit of procrastinating.

이 이야기는 항상 미루다가 마지막까지도 공부를 하지 않던 샌디에 관한 것입니다. 그녀는 공부를 열심히 하지 않아 어머니에게 늘 혼났지만, 나쁜 습관을 고칠 생각이 없어 보였습니다. 어느 날 학교에서, 샌디는 그 다음 날 중요한 시험이 있다는 것에 입이 벌어질 정도로 놀랐습니다. 충분히 공부할 수 있는 시간이 없었기 때문에 그녀는 시험에 낙제했습니다. 따라서 그녀는 수업에 통과하기 위해 굉장히 열심히 공부하고 많은 스트레스를 겪어야 했습니다. 이 경험 후에, 결국 그녀는 (일을) 미루는 습관을 바꿀 수 있었습니다.

필수 패턴 **고득점 paraphrasing**

📖 **어휘** according to ~에 따르면 put off -ing ~하기를 미루다 scold 야단치다, 꾸짖다 learn one's lesson 경험으로 배우다 procrastinate (해야 할 일을 보통 하기가 싫어서) 미루다 until the last moment 마지막 순간까지, 마지막 순간이 되어서야 be willing to 기꺼이 ~하다 habit 습관 one's jaw dropped 크게 놀라서 입을 딱 벌리다 go through 겪다

🔧 **송쌤의 꿀팁**

▷ 회화표현에서 slacker 라는 표현이 있습니다. 게으른 사람 이라는 뜻인데요, 동사로는 slack off 로 많이 쓰입니다! ~하는데 해이해지고, 게으름을 피우는 사람에게 쓰는 표현입니다. procrastinate 의 단어와 비슷하게 사용할 수 있는 유의어 이니 반드시 알아두세요!

지문을 듣고 나만의 답변을 만들어 보세요.

서론	
본론	
결론	

스토리텔링 2
일상 생활

💬 듣기 연습 & 받아쓰기

🔊 MP3 4_7

지문을 듣고 답변에 필요하다고 생각되는 내용 혹은 글의 주제 및 기억나는 단어를 적어본 뒤 지문을 다시 들으며 빈칸을 채워 보세요.

---

① _____ is a ② _____ with nearly one million residents. There are many ③ _____ companies in the city, so ④ _____ is ⑤ _____, and most people ⑥ _____ a ⑦ _____ of ⑧ _____. There are also many ⑨ _____ and other ⑩ _____. However, ⑪ _____ is a ⑫ _____ in Crawford. The ⑬ _____ is ⑭ _____, and the ⑮ _____ are ⑯ _____. So, the ⑰ _____ must ⑱ _____ everywhere in the city. There are always ⑲ _____, especially during rush hour. The Crawford Department of Transportation has asked companies within the city to ⑳ _____ for its employees to help with this issue.

 정답
① Crawford ② growing city ③ reputable ④ unemployment ⑤ low ⑥ enjoy ⑦ comfortable standard ⑧ living ⑨ parks ⑩ activities ⑪ traffic ⑫ constant problem ⑬ subway ⑭ poorly organized ⑮ buses ⑯ unreliable ⑰ residents ⑱ drive ⑲ traffic jams ⑳ organize carpooling systems

Question

Listen to the passage and summarize it.
지문을 듣고 요약해 주세요.

---

① Crawford is a growing city **with nearly one million residents.** ② There are many reputable companies **in the city, so** ③ unemployment is low, and most people enjoy a comfortable standard of living. ② There are also many parks and other activities. **However,** ④ traffic is a constant problem **in Crawford.** ⑤ The subway is poorly organized, and the buses are unreliable. **So, the residents must drive everywhere in the city. There are always traffic jams, especially during rush hour. The Crawford Department of Transportation has asked companies within the city to** ⑥ organize carpooling systems **for its employees to help with this issue.**

핵심 내용

크로포드는 약 100만 명의 주민이 거주하는 성장 도시입니다. 이 도시에는 훌륭한 기업들이 많이 있기 때문에, 실업률이 낮고 대부분의 사람들이 좋은 생활 수준을 누립니다. 공원과 다른 (여가) 활동도 많이 있습니다. 그러나 크로포드에는 교통이라는 지속적인 문제가 있습니다. 지하철은 체계적으로 설립되지 않았고, 버스는 신뢰할 수 없습니다. 따라서, 주민들은 도시의 모든 곳에서 운전을 해야 합니다. 특히 출퇴근 시간대에는 항상 교통 체증이 있습니다. 크로포드 교통국은 이 문제의 해결을 돕기 위해 기업들에게 직원들을 위한 도시 내 카풀 시스템을 도입할 것을 요청했습니다.

💬 지문 분석 및 핵심내용 파악하기

핵심내용

| ❶ • 크로포드, 성장 도시 | ➡ | ❷ • 훌륭한 기업 • 많은 공원, 여가 활동 | ➡ | ❸ • 실업률 낮음 • 좋은 생활 수준 | ➡ |

| ❹ • 교통 문제 | ➡ | ❺ • 체계적이지 않은 대중교통 • 자가용 이용 필수 | ➡ | ❻ • 카풀 시스템 도입 | |

① Crawford. It is a growing city.
크로포드는 성장 도시입니다.

➡ a growing city called Crawford
크로포드라는 성장 도시

② many reputable companies, many parks and other activities in the city
도시 내에 훌륭한 기업들과 공원, 그리고 다른 (여가) 활동들

➡ well-known companies, many parks, and various activities
유명한 기업들, 많은 공원, 그리고 다양한 활동들

③ Unemployment is low, most people enjoy comfortable lives.
실업률은 낮고, 대부분의 사람들은 편안한 삶을 누립니다.

➡ Residents are able to enjoy comfortable lives with well-paying jobs.
주민들은 보수가 좋은 직업으로 편안한 삶을 누릴 수 있습니다.

④ Traffic is a constant problem.
교통은 끊임없는 문제입니다.

➡ Traffic continues to be a problem.
교통은 끊임없이 문제가 되고 있습니다.

⑤ The subway is poorly organized, the buses are unreliable. The residents must drive everywhere.
지하철은 체계적으로 설립되지 않았고, 버스는 신뢰할 수 없습니다. 주민들은 도시의 모든 곳에서 운전을 해야 합니다.

➡ Public transportation is untrustworthy, and people have to use their own vehicles.
대중교통은 신뢰할 수 없고, 사람들은 그들의 차량을 이용해야 합니다.

⑥ Companies have to organize carpooling systems.
기업들은 카풀 시스템을 도입해야 합니다.

➡ Companies are required to organize carpooling systems.
기업들은 카풀 시스템을 도입하도록 요청 받았습니다.

Listen to the passage and summarize it.

지문을 듣고 요약해 주세요.

MP3 4_9

① Crawford is a growing city **with nearly one million residents.** ② There are many reputable companies **in the city, so** ③ unemployment is low, and most people enjoy a comfortable standard of living. ② There are also many parks and other activities. **However,** ④ traffic is a constant problem **in Crawford.** ⑤ The subway is poorly organized, and the buses are unreliable. **So,** the residents must drive everywhere in the city. There are always traffic jams, especially during rush hour. The Crawford Department of Transportation has asked companies within the city to ⑥ organize carpooling systems **for its employees to help with this issue.**

핵심 내용

💬 모범 답변

35점⁺

MP3 4_10

This story is about a city called Crawford. In the city, there are many good companies and parks, so unemployment is low, and people can live comfortably. However, if I heard it right, traffic is a serious problem in the city. That's because the subway and buses are not very good, and people have to drive to go somewhere. So, companies in the city should organize carpooling systems.

이 이야기는 크로포드라는 한 도시에 관한 것입니다. 이 도시에는 좋은 기업과 공원이 많이 있어서 실업률이 낮고 사람들은 편안하게 살 수 있습니다. 그러나 제가 들은 것이 맞다면, 교통이 도시의 심각한 문제입니다. 그 이유는 지하철과 버스가 좋지 않고, 사람들이 어딘가로 가려면 운전을 해야 하기 때문입니다. 따라서, 도시의 기업들은 카풀 시스템을 도입해야 합니다.

필수 패턴

예상 추가질문　 MP3 4_11

Q Are you satisfied with where you live?
당신이 사는 곳에 만족하나요?

Q Is the public transportation in your city well-organized?
당신 도시의 대중교통은 체계적인가요?

Q Do you prefer to use public transportation or your own vehicle when you travel around your city?
도시에서 이동할 때 대중교통을 이용하는 것을 선호하나요, 아니면 당신의 차량을 이용하는 것을 선호하나요?

50점+

This story is about ① a growing city called Crawford, whose population is nearing almost one million. Plus, there are so many ② well-known companies, parks, and activities in the city that ③ residents are able to enjoy comfortable lives with well-paying jobs. However, ④ traffic continues to be a problem in the city because its ⑤ public transportation is untrustworthy. Due to this reason, people have to use their own vehicles to go anywhere, and it causes heavy traffic jams. In order to solve this problem, ⑥ companies within the city are required to organize carpooling systems for their employees.

이 이야기는 약 100만 명에 가까운 인구를 가진 크로포드라는 성장 도시에 관한 것입니다. 또한 유명한 기업과 공원, 그리고 활동이 아주 많아 주민은 보수가 좋은 직업과 함께 편안한 삶을 누릴 수 있습니다. 그러나 교통은 끊임없이 도시의 문제가 되고 있는데, 그 이유는 대중교통을 신뢰할 수 없기 때문입니다. 이러한 이유로, 사람들은 어디로 가든 그들의 차량을 이용해야 하고, 이는 극심한 교통 체증을 유발합니다. 이 문제를 해결하기 위해 도시 내 기업들은 직원들을 위한 카풀 시스템을 도입할 것을 요청 받았습니다.

필수 패턴 **고득점 paraphrasing**

어휘 unemployment 실업(률) comfortably 편안하게 traffic 교통(량) organize 조직하다, 체계를 세우다
population 인구, (모든) 주민 near 가까워지다, 다가오다 well-known 유명한 resident 거주자, 주민
well-paying jobs 보수가 좋은 직업 untrustworthy 신뢰할 수 없는 due to ~ 때문에 vehicle 운송 수단
heavy 극심한 require 요구하다

송쌤의 꿀팁

▸ population 은 인구라는 뜻으로 흔히들 많이 알고 계시는 인기있는 의 popular 와 완전 다른 뜻의 단어입니다. 아주 비슷하게 생겨서 많은 학습자분들이 헷갈려 하시는데요! 반드시 정확히 차이를 두어 알아두세요! 또한, traffic 의 단어는 I'm stuck in traffic 으로 차가 막히다 라는 뜻으로 많이 쓰이는 같이 알아두세요!

나만의 답변 만들기

지문을 듣고 나만의 답변을 만들어 보세요.

서론	
본론	
결론	

스토리텔링 3
직장

💬 **듣기 연습 & 받아쓰기**　　🔊 MP3 4_13

지문을 듣고 답변에 필요하다고 생각되는 내용 혹은 글의 주제 및 기억나는 단어를 적어본 뒤 지문을 다시 들으며 빈칸을 채워 보세요.

John and Casey ① _____ for several years, and now Casey has

② _____ to ③ _____ John's ④ _____ party. She ⑤ _____ it to be a

⑥ _____, so she is planning it ⑦ _____. However, there is one

issue. John will receive an expensive retirement gift, but if the party is a surprise, he

⑧ _____ choose it himself. So, Casey needs to ⑨ _____ which

gift he would ⑩ _____. Casey simply ⑪ _____ of possible

gifts to show John, telling him that she is ⑫ _____ a gift ⑬ _____ her

⑭ _____, and she would ⑮ _____ John's ⑯ _____. John

happily agrees to help, and after looking over the list, he ⑰ _____ he

thinks would be the ⑱ _____ gift. He's completely ⑲ _____ that he just

⑳ _____ his ㉑ _____ retirement gift – a ㉒ _____!

정답　① have worked together　② volunteered　③ plan　④ retirement　⑤ wants　⑥ surprise　⑦ secretly　⑧ won't be able to　⑨ figure out　⑩ most enjoy　⑪ makes a list　⑫ picking out　⑬ for　⑭ father's birthday　⑮ appreciate　⑯ advice　⑰ selects what　⑱ best　⑲ unaware　⑳ picked out　㉑ own　㉒ gold wristwatch

Question

Listen to the passage and summarize it.
지문을 듣고 요약해 주세요.

① John and Casey have worked together **for several years, and now** ② Casey has volunteered to plan John's retirement party. **She wants it to be a surprise, so she is planning it secretly. However, there is one issue. John will receive an expensive retirement gift, but if the party is a surprise, he won't be able to choose it himself. So,** ③ Casey needs to figure out which gift he would most enjoy. ④ Casey simply makes a list of possible gifts to show John, telling him that she is picking out a gift for her father's birthday, and she would appreciate John's advice. **John happily agrees to help, and after looking over the list, he selects what he thinks would be the best gift.** ⑤ He's completely unaware that he just picked out his own retirement gift – ⑥ a gold wristwatch!

핵심 내용

존과 케이시는 수년간 함께 일했고, 현재 케이시는 존의 은퇴 기념 파티를 계획하는 것에 자원했습니다. 그녀는 깜짝 파티를 원하기 때문에 몰래 계획하고 있습니다. 그런데 문제가 하나 있습니다. 존은 값비싼 퇴임 선물을 받게 될 예정인데, 깜짝 파티라면 그는 스스로 선물을 고를 수가 없습니다. 따라서, 케이시는 그가 가장 좋아할 선물이 무엇일지 알아내야 합니다. 케이시는 간단히 존에게 보여줄 예상 선물 목록을 만들어 그녀가 아버지의 생일 선물을 고르고 있으며, 존이 조언을 해주면 좋겠다고 말했습니다. 존은 기쁘게 도움을 주었고, 선물 목록을 훑어본 후 그가 최고의 선물이라고 생각하는 것을 골랐습니다. 그는 자신의 퇴임 선물인 금으로 된 손목시계를 직접 골랐다는 것을 전혀 알지 못합니다!

💬 지문 분석 및 핵심내용 파악하기

핵심내용

① • 존과 케이시
  • 같이 일하는 동료

➡️

② • 케이시
  • 존의 은퇴 기념 깜짝 파티 준비

➡️

③ • 무엇을 사야 할지 모름

➡️

④ • 존에게 아빠 선물 골라 달라고 도움 요청

➡️

⑤ • 본인 선물인 줄 모름

➡️

⑥ • 금 손목시계 고름

① John and Casey - they work together.
  존과 케이시는 함께 일합니다.

➡ two coworkers named John and Casey, who have been working together
  함께 일을 해온 존과 케이시라는 두 동료

② Casey is planning a surprise party for John's retirement.
  케이시는 존의 은퇴를 기념하는 깜짝 파티를 계획하고 있습니다.

➡ John is approaching his retirement. Casey is planning on throwing a surprise party.
  존은 은퇴를 앞두고 있습니다. 케이시는 깜짝 파티를 계획 중입니다.

③ Casey doesn't know what to buy for him.
  케이시는 그를 위해 무엇을 사야 할지 모릅니다.

➡ Casey has no idea what John would most enjoy.
  케이시는 존이 무엇을 가장 좋아할지 모릅니다.

④ Casey makes a list of gifts, asks him to help her with choosing a gift for her father.
  케이시는 선물 목록을 만들고, 그에게 그녀 아버지를 위한 선물을 고르는 것을 도와달라고 요청합니다.

➡ asking him which he thinks is the best gift by showing him a list of potential gifts
  예상 선물 목록을 보여주며 그가 생각하는 최고의 선물은 무엇인지 물어보는 것

⑤ John doesn't know the gift is for him.
  존은 그 선물이 자신을 위한 것인지 모릅니다.

➡ John has no idea if the gift is for him.
  존은 그 선물이 자신을 위한 것인지 모릅니다.

⑥ John chose a gold wristwatch!
  존은 금으로 된 손목시계를 골랐습니다!

➡ He just chose a retirement gift for himself, which is a gold wristwatch!
  그는 방금 막 그의 은퇴 기념 선물로 금으로 된 손목시계를 골랐습니다!

CHAPTER 4 지문 요약하기

Listen to the passage and summarize it.
지문을 듣고 요약해 주세요.

🔊 MP3 4_15

① John and Casey have worked together for several years, and now ② Casey has volunteered to plan John's retirement party. She wants it to be a surprise, so she is planning it secretly. However, there is one issue. John will receive an expensive retirement gift, but if the party is a surprise, he won't be able to choose it himself. So, ③ Casey needs to figure out which gift he would most enjoy. ④ Casey simply makes a list of possible gifts to show John, telling him that she is picking out a gift for her father's birthday, and she would appreciate John's advice. John happily agrees to help, and after looking over the list, he selects what he thinks would be the best gift. ⑤ He's completely unaware that he just picked out his own retirement gift – ⑥ a gold wristwatch!

핵심 내용

💬 모범 답변

35점+ 🔊 MP3 4_16

This story is about John and Casey, and they work together. Casey is planning a surprise party for John's retirement. But, there is a problem. Casey doesn't know what to buy for him. So, Casey makes a list of gifts and shows it to John and asks him to help her with choosing a gift for her father. He doesn't know the gift is for him. He chose a gold wristwatch!

이 이야기는 함께 일하는 존과 케이시에 관한 것입니다. 케이시는 존의 은퇴를 기념하는 깜짝 파티를 계획하고 있습니다. 그러나 문제가 하나 있습니다. 케이시가 그를 위해 무엇을 사야 할지 모른다는 것입니다. 그래서 케이시는 선물 목록을 만들어 존에게 보여주며, 그녀의 아버지를 위한 선물을 고르는 것을 도와달라고 요청합니다. 그는 그 선물이 자신을 위한 것인지 모릅니다. 그는 금으로 된 손목시계를 골랐습니다!

필수 패턴

예상 추가질문 🔊 MP3 4_17

Q Have you ever planned a surprise party for someone?
누군가를 위해 깜짝 파티를 계획해본 적이 있나요?

Q Which do you prefer? Receiving a surprise gift, or choosing your own gift?
깜짝 선물을 받는 것과 직접 선물을 고르는 것 중 어떤 것을 더 선호하나요?

50점+

This story is about ① <u>two coworkers named John and Casey</u>. They have been working together for several years, and ② <u>John is approaching his retirement</u>. Casey has volunteered to plan John's retirement party, and she is planning on making it a surprise. However, the problem is that ③ <u>Casey has no idea what John would most enjoy</u>. She ended up coming up with a good idea to find out which gift he would like the most, and that is ④ <u>asking him which he thinks is the best gift for her father's birthday by showing him a list of potential gifts</u>. John was willing to help her and selected a gift that he thinks is the best. ⑥ <u>He just chose a retirement gift for himself</u>, which is <u>a gold wristwatch!</u>

이 이야기는 존과 케이시라는 두 동료에 관한 것입니다. 그들은 수년간 함께 일해왔고, 존은 은퇴를 앞두고 있습니다. 케이시는 존의 은퇴 기념 파티를 계획하는 것에 자원했고, 깜짝 파티를 하려고 합니다. 그러나, 문제는 케이시가 존이 선물로 무엇을 가장 좋아할지 모른다는 것입니다. 결국 그녀는 그가 가장 좋아할 선물을 알아내기 위한 좋은 아이디어를 생각해냈고, 그것은 그녀의 아버지 생일을 위한 예상 선물 목록을 보여주며 존이 최고의 선물이라고 생각하는 것을 물어보는 것입니다. 존은 그녀를 기꺼이 도왔고, 그가 생각하는 최고의 선물을 선택했습니다. 그는 막 은퇴 선물로 금으로 된 손목시계를 직접 골랐습니다!

필수 패턴 <u>고득점 paraphrasing</u>

어휘 retirement 은퇴 wristwatch 손목시계 named ~라는 이름을 가진 approach 다가오다 volunteer 자원하다
end up -ing 결국 ~하게 되다 come up with 떠올리다 potential 가능성이 있는

송쌤의 꿀팁

▷ plan 이라는 단어는 plan on 동사ing 혹은 plan to 동사원형으로 같이 쓰일 수 있습니다.

지문을 듣고 나만의 답변을 만들어 보세요.

서론	
본론	
결론	

스토리텔링 4
테크놀로지

CHAPTER 4 지문 요약하기

💬 **듣기 연습 & 받아쓰기**

🔊 MP3 4_19

지문을 듣고 답변에 필요하다고 생각되는 내용 혹은 글의 주제 및 기억나는 단어를 적어본 뒤 지문을 다시 들으며 빈칸을 채워 보세요.

---

① _____ are ② _____ more ③ _____ in our ④ _____ . Every

home may have a ⑤ _____ in as little as ⑥ _____ . These

⑦ '_____ ' can ⑧ _____ a variety of ⑨ _____ . They can ⑩ _____

your ⑪ _____ , ⑫ _____ your morning ⑬ _____ , and even

⑭ _____ the family ⑮ _____ a ⑯ _____ . And homes aren't the

only places where robots are becoming a familiar feature. ⑰ _____ are also

⑱ _____ at ⑲ _____ around the world. ⑳ _____ who are

recovering from an ㉑ _____ or are ㉒ _____ to go to school

㉓ _____ now ㉔ _____ their ㉕ _____ through a robot

intermediary. The robot will ㉖ _____ and ㉗ _____ the class via live video

to the student at home, and the ㉘ _____ and ㉙ _____ can

㉚ _____ through the robot.

📢 **정답**

① Robots ② becoming ③ common ④ daily lives ⑤ robot helper ⑥ ten years ⑦ house-bots
⑧ perform ⑨ tasks ⑩ separate ⑪ recyclables ⑫ brew ⑬ coffee ⑭ take ⑮ dog out for ⑯ walk
⑰ Robots ⑱ helping ⑲ schools ⑳ Children ㉑ illness ㉒ too sick ㉓ can ㉔ attend ㉕ classes
㉖ record ㉗ share ㉘ teacher ㉙ student ㉚ interact

Question

🔊 MP3 4_20

Listen to the passage and summarize it.
지문을 듣고 요약해 주세요.

① Robots are becoming more common in our daily lives. ② Every home may have a robot helper in as little as ten years. ③ These 'house-bots' can perform a variety of tasks. **They can** ④ separate your recyclables, brew your morning coffee, and even take the family dog out for a walk. **And homes aren't the only places where robots are becoming a familiar feature.** ⑤ Robots are also helping at schools around the world. ⑥ Children who are recovering from an illness or are too sick to go to school can now attend their classes through a robot intermediary. The robot will record and share the class via live video to the student at home, and the teacher and student can interact through the robot.

핵심 내용

로봇은 우리의 일상생활에서 점점 흔해지고 있습니다. 최소 10년 이내에는 모든 집에 로봇 도우미가 있을 것입니다. 이러한 '가정용 로봇'은 많은 작업을 수행할 수 있습니다. 재활용을 분리하거나, 모닝 커피를 내리며, 애완견을 데리고 산책을 시킬 수도 있습니다. 로봇이 익숙한 대상이 되어가는 유일한 장소가 집뿐만은 아닙니다. 로봇은 전 세계의 학교에도 도움이 되고 있습니다. 병에서 회복 중이거나 너무 아파 학교에 갈 수 없는 아이들은 이제 중간에 있는 로봇을 통해 수업에 참석할 수 있습니다. 로봇은 집에 있는 학생에게 실시간 영상을 통해 수업을 녹화하고 공유할 것이고, 교사와 학생은 로봇을 통해 서로 소통할 수 있습니다.

💬 지문 분석 및 핵심내용 파악하기

핵심내용

1
- 로봇
- 일상생활에서 흔해짐

➡️

2
- 최소 10년 안에 로봇 도우미 가정화

➡️

3
- 많은 작업 수행

➡️

4
- 분리수거, 커피 타기, 강아지 산책

➡️

5
- 전 세계의 학교에도 도움

➡️

6
- 병원에 있는 학생도 수업 참여 가능
- 재택 수업 가능
- 로봇을 통해 교사와 학생 소통 가능

① Robots, becoming more common in our daily lives.
우리의 일상생활에서 점점 흔해지고 있는 로봇

➡ how they are becoming more common
어떻게 그들이 점점 흔해지는지

② In ten years, there will be many robots in our homes.
10년 이내에는 집에 많은 로봇이 있을 것입니다.

➡ Household robots will be a part of every home within ten years.
가정용 로봇은 10년 이내로 모든 집의 일부가 될 것입니다.

③ The robots can do many tasks.
로봇은 많은 일을 할 수 있습니다.

➡ will be able to perform various tasks
다양한 작업을 수행할 수 있을 것임

④ They can recycle, make morning coffee, and walk the dog.
재활용을 하고, 모닝 커피를 만들며, 개를 데리고 산책을 시킬 수도 있습니다.

➡ Not only can they recycle, but they can also brew morning coffee and walk the dog.
그들은 재활용할 수 있을 뿐만 아니라 아침 커피를 끓이고 개를 산책 시킬 수도 있습니다.

⑤ And, robots will also help at schools around the world.
또한, 로봇들은 전 세계의 학교에 도움을 줄 것입니다.

➡ Not only will robots be used for household chores, but they will also be involved in education.
로봇은 집안일을 하는 데 사용될 뿐만 아니라, 교육에도 포함될 것입니다.

⑥ Robots help sick children by sharing live video. Teachers and students can interact through the robot.
로봇은 실시간 영상 공유를 통해 아픈 아이들에게 도움을 줍니다. 교사들과 학생들은 로봇을 통해 소통할 수 있습니다.

➡ Children who are unable to go to school due to sickness will be able to participate in virtual classrooms.
아파서 학교에 갈 수 없는 아이들은 가상 교실에 참여할 수 있습니다.

Listen to the passage and summarize it.
지문을 듣고 요약해 주세요.

🔊 MP3 4_21

① Robots are becoming more common in our daily lives. ② Every home may have a robot helper in as little as ten years. ③ These 'house-bots' can perform a variety of tasks. They can ④ separate your recyclables, brew your morning coffee, and even take the family dog out for a walk. And homes aren't the only places where robots are becoming a familiar feature. ⑤ Robots are also helping at schools around the world. ⑥ Children who are recovering from an illness or are too sick to go to school can now attend their classes through a robot intermediary. The robot will record and share the class via live video to the student at home, and the teacher and student can interact through the robot.

핵심 내용

💬 **모범 답변**

35점⁺

🔊 MP3 4_22

This story is about robots in our daily lives. In ten years, there will be many robots in our homes. The robots can do many tasks. They can recycle, make morning coffee, and walk the dog. And, robots will also help at schools around the world. If children are too sick to go to school, robots will help them by sharing live video with them. Teachers and students can interact through the robot.

이 이야기는 일상생활에서의 로봇에 관한 것입니다. 10년 이내로, 우리의 집에는 많은 로봇이 있을 것입니다. 로봇은 많은 일을 할 수 있습니다. 재활용을 하고, 모닝 커피를 만들며, 개를 데리고 산책을 시킬수도 있습니다. 또한, 로봇은 전 세계의 학교에서도 도움을 줄 것입니다. 아이들이 너무 아파 학교에 가지 못하면, 로봇은 실시간 영상을 공유함으로써 그들을 도울 것입니다. 교사들과 학생들은 로봇을 통해 소통할 수 있습니다.

필수 패턴

예상 추가 질문 🔊 MP3 4_23

Q Do you agree with the statement that there will be house-bots in 10 years?
10년 이내에 가정용 로봇이 있을 것이라는 말에 동의하나요?

Q What would it be like to live a life aided by robots?
로봇에게 도움을 받는 삶을 사는 것은 어떨 것 같나요?

Q Do you agree that robots are becoming more common in our lives?
로봇이 일상생활에서 점점 더 흔해질 것이라는 것에 동의하나요?

Q What are the pros and cons of robots becoming more common in our lives?
로봇이 일상생활에서 점점 더 흔해지는 것의 장단점은 무엇인가요?

50점⁺

This story is about ① robots and how they are becoming more common in our daily lives. ② Household robots will be a part of every home within ten years. ③ These robots will be able to perform various tasks such as ④ recycling waste, brewing coffee in the morning, and even walking the family dog. Moreover, ⑤ not only will robots be used for household chores, but they will also be involved in education. ⑥ Children who are unable to go to school due to sickness will be able to participate in virtual classrooms created by robots. The robot will transmit live video to the students at home, and the teachers and students will be able to interact through the robot.

이 이야기는 로봇과 어떻게 로봇이 일상생활에서 점점 더 흔해지는가에 관한 것입니다. 가정용 로봇은 10년 이내로 모든 집의 일부가 될 것입니다. 이 로봇들은 재활용 분리수거나 아침에 커피 내리기, 그리고 심지어 애완견을 데리고 산책하기와 같은 다양한 작업을 수행할 수 있을 것입니다. 게다가, 로봇은 집안일 뿐만 아니라 교육에도 포함될 것입니다. 아파서 학교에 갈 수 없는 아이들은 로봇이 만든 가상 교실에 참여할 수 있습니다. 로봇은 집에 있는 학생들에게 실시간 영상을 전송할 수 있고, 교사들과 학생들은 로봇을 통해 소통할 수 있습니다.

필수 패턴 **고득점 paraphrasing**

📖 **어휘** task 일 share 공유하다 interact 상호작용하다 perform 수행하다 various 다양한 brew coffee 커피를 내리다 moreover 게다가 be involved in ~에 포함되다 participate in ~에 참여하다 virtual 가상의 transmit to ~로 전하다

송쌤의 **꿀팁**

▸ will be able to 는 미래의 할 수 있는 일을 이야기할 때 쓰이는 아주 유용한 표현입니다. will 과 can 은 같이 쓰일 수 없으므로 can 은 be able to 의 표현으로 바꿔주어 will be able to 동사원형으로 쓰입니다. 부정문은 will not be able to 동사원형 으로 사용됩니다. 반드시 익혀주세요!

나만의 답변 만들기

지문을 듣고 나만의 답변을 만들어 보세요.

서론	
본론	
결론	

앞서 배운 내용을 활용하여 답변해 보세요.

> **Q** Listen to the passage and summarize it.
> 지문을 듣고 요약해 주세요.

⊘ 글의 주제

_____

- -

⊘ 기억나는 단어 및 내용

_____

- -

_____

- -

_____

- -

_____

- -

_____

- -

_____

Doug is trying to rent an apartment. ① He is negotiating with a realtor at a real estate agency. ② He has saved up enough money to pay the $1,800 security deposit, and he can pay up to $600 a month for the rent. ③ The realtor tells Doug that he needs to pay a larger security deposit if he wants to keep the rent under $700. ④ The average cost of rent in the neighborhood is $750 per month, and utilities are not included. ⑤ Doug responds by saying that he does not have enough money saved up for a larger deposit, **and his monthly budget is limited. He still needs money to cover the utilities.** ⑥ A friend at work is looking for a roommate, but Doug would prefer to live alone.

핵심 내용

더그는 아파트를 임대하려고 합니다. 그는 부동산 중개소에서 중개인과 협상을 하고 있습니다. 그는 보증금으로는 1,800 달러를, 월세로는 최대 600 달러까지 지불할 수 있습니다. 중개인은 더그에게 700 달러 미만의 월세를 내고 싶다면 더 많은 액수의 보증금을 지불해야 한다고 말합니다. 동네의 월세 시세는 750 달러이고, 공과금을 포함하지 않습니다. 더그는 더 많은 보증금을 지불할 돈이 충분하지 않고 한 달 예산이 한정적이라고 대답합니다. 그는 공과금을 낼 돈도 필요한 상황입니다. 직장 동료가 룸메이트를 찾고 있지만, 더그는 혼자 사는 것을 선호합니다.

💬 모범 답변

35점+

This story is about Doug. He is trying to rent an apartment, so he is negotiating with a realtor at a real estate agency. According to the story, he has $1,800 for security deposit, and he can pay up to $600 a month for the rent. However, Doug needs to pay a larger security deposit if he wants to pay under $700 a month. If I heard it right, he doesn't have enough money for a larger deposit, and he is on a tight budget. His friend at work is looking for a roommate, but Doug prefers to live alone.

이 이야기는 더그에 관한 것입니다. 그는 아파트를 임대하기 위해 부동산 중개소에서 중개자와 협상을 하고 있습니다. 이 이야기에 따르면, 그는 보증금으로 1,800 달러를 소유하고 있고, 월세로 최대 600 달러까지 지불할 수 있습니다. 하지만 더그가 월 700 달러 미만의 월세를 지불하고자 한다면 보증금을 더 많이 지불해야 합니다. 제가 들은 것이 맞다면, 그는 더 높은 보증금을 위한 돈이 충분하지 않고, 빠듯한 예산을 갖고 있습니다. 그의 직장 동료는 룸메이트를 찾고 있지만, 더그는 혼자 살고 싶어 합니다.

필수 패턴

예상 추가 질문 MP3 4_27

Q What is the most important factor you consider when choosing a place to live?
집을 구할 때 가장 중요하게 고려하는 요소는 무엇인가요?

Q Do you prefer to live alone or with roommates?
혼자 사는 것을 선호하나요, 아니면 룸메이트와 함께 사는 것을 선호하나요?

50점+ MP3 4_28

This story is about Doug and he is looking to rent an apartment. ① He is currently negotiating over the rent with a realtor at a real estate agency. ② He is able to afford $1,800 for security deposit and $600 a month for the rent. ③ However, in order to keep the rent under $700, Doug is told that he needs to pay a larger sum of money for security deposit. ④ As of now, the average cost of rent, not including utilities, is $750 per month in the neighborhood. ⑤ Due to his current situation, Doug cannot meet the requirement because he does not have enough money saved up for a larger deposit, and in addition to that, he has finite monthly budget. Also, he needs extra money to pay for utilities. ⑥ Even though a friend at work is looking for a roommate, Doug wants to live alone.

이 이야기는 아파트를 임대하려고 하는 더그에 관한 것입니다. 그는 현재 부동산 중개소에서 중개인과 월세를 두고 협상하고 있습니다. 그는 보증금으로 1,800 달러와 월세로 600 달러를 낼 수 있습니다. 하지만 월 700 달러 미만의 임대료를 유지하기 위해 더그는 더 높은 금액의 보증금을 지불해야 합니다. 현재로서는, 공과금을 포함하지 않은 주변 월세의 평균 시세는 750 달러입니다. 현재 그의 상황을 고려할 때, 더그는 보증금을 위해 돈을 더 저축하지 못했고, 추가로 월별로 한정된 예산을 갖고 있기 때문에 조건을 충족하지 못합니다. 또한, 그는 공과금을 지불하기 위해 돈이 더 필요합니다. 회사 친구가 룸메이트를 찾고 있지만, 더그는 혼자 살고 싶어 합니다.

필수 패턴 **고득점 paraphrasing**

 어휘 negotiate with ~와 협상하다 realtor 중개인 real estate agency 부동산 중개소 security deposit 임대 보증금 on a tight budget 예산이 빠듯한 negotiate over ~에 대해 교섭하다 afford ~할 형편이 되다 sum 액수 average cost 평균 비용 utility cost 공과금 meet the requirement 요건을 충족하다 finite 한정된, 유한한

서론

- This passage(article) is about   A (지문의 주제) .
  이 지문(글)은 A(지문의 주제)에 관한 것입니다.

- This passage(article) is about wh-words 주어 + 동사 ~ .   50점+
  이 지문(글)은 주어 + 동사가 wh-어 하는 지에 관한 것입니다.

  * wh-words: who, where, when, what, why, how 같은 단어들

  This passage is about why we should get enough sleep to have a healthy life.
  이 지문은 왜 우리가 건강한 삶을 위해 충분한 수면을 취해야 하는 지에 관한 것입니다.

본론

- According to this passage(article), ~ .
  이 지문(글)에 따르면, ~ .

- Based on what I heard,   A   have(has) a positive(negative/huge)
  effect(impact) on   B   .
  제가 들은 것에 따르면, A는 B에 긍정적인(부정적인/큰) 영향을(효과를) 줍니다.

- I can't be sure if I heard it right, but it also said 주어 + 동사 ~ .
  제가 정확히 들었는 지 확신할 수는 없지만, 주어 + 동사 한다고도 말했습니다.

마무리

- As far as I heard, it is concluded that 주어 + 동사.
  제가 들은 바로는, 주어 + 동사 로 마무리됩니다.

  As far as I heard, it is concluded that sleeping well is really important.
  제가 들은 바로는, 잘 자는 것은 정말 중요하다고 마무리됩니다.

- This is pretty much everything that I've heard.
  이것이 제가 들은 거의 모든 이야기입니다.

UNIT 10 단순 요약 1
음악이 주는 효과

특정한 주제를 가지고, 그에 따른 효과, 장/단점, 혹은 특정 주제의 인과 관계를 적절한 근거를 제시하며 설명하는 지문입니다. 이러한 지문들의 경우, 지문의 첫 문장이 대부분 주제일 경우가 많으므로, 첫 부분을 집중해서 들어야 하며, 제시하는 이유/근거들 또한 두세 가지 주어질 것이므로 그 부분을 염두하여 듣습니다.

듣기 연습 & 받아쓰기   (MP3 4_29)

지문을 듣고 답변에 필요하다고 생각되는 내용 혹은 글의 주제 및 기억나는 단어를 적어본 뒤 지문을 다시 들으며 빈칸을 채워 보세요.

Recent studies have ① _____ a ② _____ between ③ _____ and

④ _____ and ⑤ _____, largely ⑥ _____ the different

ways in which ⑦ _____ our ⑧ _____. First, ⑨ _____ helps

us ⑩ _____. One study found that playing ⑪ _____ before

going to bed ⑫ _____, whereas ⑬ _____ or

⑭ _____ falling asleep more ⑮ _____. Second, your

⑯ _____ can ⑰ _____ your ⑱ _____. Listening

to music you enjoy ⑲ _____ the amount of ⑳ _____ in your body, a

hormone which is known to ㉑ _____. Finally,

㉒ _____ genres of ㉓ _____ can help ㉔ _____ the symptoms of

㉕ _____.

정답
① revealed ② link ③ listening to music ④ mental ⑤ physical wellbeing ⑥ due to ⑦ music influences ⑧ hormones ⑨ music ⑩ sleep better ⑪ soothing music ⑫ leads to deeper sleep ⑬ watching TV ⑭ reading makes ⑮ difficult ⑯ favorite songs ⑰ lower ⑱ stress level ⑲ reduces ⑳ cortisol ㉑ contribute to chronic stress ㉒ certain ㉓ music ㉔ alleviate ㉕ depression

CHAPTER 4

지문 요약하기

Question

Listen to the passage and summarize it.
지문을 듣고 요약해 주세요.

Recent studies have revealed ① a link between listening to music and mental and physical wellbeing, largely due to the different ways in which ② music influences our hormones. First, ③ music helps us sleep better. One study found that playing soothing music before going to bed leads to deeper sleep, whereas watching TV or reading makes falling asleep more difficult. Second, your favorite songs can ④ lower your stress level. Listening to music you enjoy reduces the amount of cortisol in your body, a hormone which is known to contribute to chronic stress. Finally, certain genres of ⑤ music can help alleviate the symptoms of depression.

핵심 내용

최근 연구들은 음악이 여러 방법으로 호르몬에 주는 영향을 주 원인으로 하여 음악 감상과 정신, 그리고 신체적 건강 사이의 관련성을 밝혔습니다. 첫 번째로, 음악은 우리가 잠을 더 잘 자도록 도와줍니다. 한 연구는 자기 전에 마음을 편하게 해주는 음악을 듣는 것이 더 깊은 잠에 들 수 있도록 하는 반면에, TV를 시청하거나 독서하는 것은 잠에 들기 더욱 어렵게 만든다는 것을 밝혀냈습니다. 둘째로, 가장 좋아하는 노래는 스트레스 수준을 낮춰줍니다. 좋아하는 음악을 듣는 것은 만성적인 스트레스에 관여하는 호르몬으로 알려진 코르티솔의 체내 양을 줄여줍니다. 마지막으로, 특정 장르의 음악은 우울증의 증상을 완화하는 데 도움을 줄 수 있습니다.

📝 지문 분석 및 핵심내용 파악하기

핵심내용

❶ • 음악 감상과 정신, 신체적 건강 사이의 관련성 ➡ **❷** • 호르몬에 영향을 줌 ➡ **❸** • 숙면을 도와줌 ➡

❹ • 스트레스 수준 낮춰줌 ➡ **❺** • 우울감 완화

① a link between listening to music and mental and physical wellbeing
정신적, 신체적 건강과 음악 감상의 연관성

➡ the relationship between listening to music and mental and physical wellbeing
음악 감상과 정신적, 신체적 건강의 관계

② Music influences our hormones in many ways.
음악은 여러 방법으로 호르몬에 영향을 줍니다.

➡ Music has a positive influence on our hormones in many ways.
음악은 여러 방법으로 호르몬에 긍정적인 영향을 줍니다.

③ Music helps us sleep better.
음악은 우리가 잠을 더 잘 자도록 도와줍니다.

➡ help us to sleep soundly
우리가 숙면을 취하도록 도와줌

④ Music can lower our stress level.
음악은 스트레스 수준을 낮출 수 있습니다.

➡ Listening to music is a great way to lower our stress level.
음악을 듣는 것은 우리의 스트레스 수준을 낮추는 좋은 방법입니다.

⑤ We feel less depressed if we listen to music.
음악을 들으면 우울감을 덜 느낍니다.

➡ Listening to particular genres of music can help relieve the symptoms of depression.
특정 장르의 음악을 듣는 것은 우울증의 증상을 완화하는 데 도움을 줄 수 있습니다.

Listen to the passage and summarize it.
지문을 듣고 요약해 주세요.

🔊 MP3 4_31

Recent studies have revealed ① a link between listening to music and mental and physical wellbeing, largely due to the different ways in which ② music influences our hormones. First, ③ music helps us sleep better. One study found that playing soothing music before going to bed leads to deeper sleep, whereas watching TV or reading makes falling asleep more difficult. Second, your favorite songs can ④ lower your stress level. Listening to music you enjoy reduces the amount of cortisol in your body, a hormone which is known to contribute to chronic stress. Finally, certain genres of ⑤ music can help alleviate the symptoms of depression.

핵심 내용

💬 모범 답변

🔊 MP3 4_32

35점⁺

This story is about the relationship between music and health. Music influences our hormones in many ways. First, music helps us sleep better. Playing calm music before sleeping can help us sleep deeper. Second, music can lower our stress level. Lastly, we will feel less depressed if we listen to music.

이 이야기는 음악과 건강의 관계에 관한 것입니다. 음악은 호르몬에 여러 방법으로 영향을 줍니다. 첫째로, 음악은 우리가 잠을 더 잘 자도록 도와줍니다. 잠을 자기 전에 차분한 음악을 듣는 것은 우리가 더 깊은 잠을 잘 수 있도록 도와줄 수 있습니다. 둘째로, 음악은 스트레스 수준을 낮출 수 있습니다. 마지막으로, 음악을 들으면 우울감을 덜 끼게 될 것입니다.

필수 패턴

예상 추가 질문 🔊 MP3 4_33

Q Do you think music influences our well-being?
음악이 건강에 영향을 준다고 생각하나요?

Q What kind of music do you enjoy the most?
어떤 종류의 음악을 가장 좋아하나요?

Q Do you tend to listen to music before going to sleep?
잠을 자기 전에 음악을 듣는 편인가요?

Q Do you believe music lowers your stress level?
음악이 스트레스 수준을 낮춘다고 생각하나요?

50점⁺

This passage is about ① the relationship between listening to music and mental and physical wellbeing. According to this passage, ② music has a positive influence on our hormones in many ways, such as helping us to sleep soundly and lowering our stress levels. First, a study has found that playing calm music before going to bed ③ helps people to sleep deeper, while watching TV or reading books make falling asleep difficult. Next, listening to your favorite songs can ④ reduce your stress level by reducing the amount of a hormone called cortisol, which is directly related to chronic stress. Last but not least, ⑤ listening to particular genres of music can help relieve the symptoms of depression.

이 지문은 음악 감상과 정신적, 신체적 건강의 관계에 관한 것입니다. 지문에 따르면 음악은 숙면을 취하도록 돕거나 스트레스 수준을 낮추는 등 여러 방법으로 호르몬에 긍정적인 영향을 줍니다. 첫째로, 한 연구는 잠을 자기 전에 차분한 음악을 듣는 것은 더 깊은 잠을 자도록 돕는 반면, TV를 시청하거나 독서를 하는 것은 잠들기를 어렵게 한다는 것을 밝혀냈습니다. 다음으로, 가장 좋아하는 노래를 들으면 만성 스트레스와 직결된 호르몬인 코르티솔의 양이 줄어듦으로써 스트레스 수준이 낮아집니다. 끝으로, 특정 장르의 음악을 듣는 것은 우울증의 증상을 완화시키도록 도울 수 있습니다.

필수 패턴 **고득점 paraphrasing**

📖 **어휘** relationship 관계, 관련(성) influence 영향을 주다 hormone 호르몬 feel depressed 우울하다, 기분이 좋지 않다 study 연구 while 반면에 reduce 줄이다 directly related to ~와 직결되는 last but not least 마지막이지만 중요한 것은, 끝으로 particular 특정한 relieve 완화하다 symptom 증상 depression 우울증, 우울함

송쌤의 꿀팁

▷ direclty의 발음은 [다이렉틀리] 혹은 [디렉틀리] 둘 다 편하신대로 발음하셔도 무방합니다. D 와 R 이 함께 있을 때에는 자연스럽게 ㅈ 발음으로 해주시면 됩니다. 또한, 방법 혹은 방식의 뜻을 가진 way 는 전치사 in 과 함께 쓰인다는 점도 꼭 기억해 주세요!

나만의 답변 만들기

지문을 듣고 나만의 답변을 만들어 보세요.

서론	
본론	
결론	

UNIT 11

단순 요약 2
오토바이 탈 때 헬멧의 중요성

💬 듣기 연습 & 받아쓰기

🔊 MP3 4_35

지문을 듣고 답변에 필요하다고 생각되는 내용 혹은 글의 주제 및 기억나는 단어를 적어본 뒤 지문을 다시 들으며 빈칸을 채워 보세요.

Of the nearly 4,000 ① _____ last year, more than a thousand

② _____ if the ③ _____ had been ④ _____ a

⑤ _____. One study suggests that ⑥ _____ are 37 percent

⑦ _____ in ⑧ _____. In an accident, the motorcycle helmet

⑨ _____ the ⑩ _____ of the crash and ⑪ _____ the ⑫ _____. Since

head injuries are the cause behind 75% of road traffic deaths, helmets are

⑬ _____ for ⑭ _____. ⑮ _____

preventing deaths, helmets also greatly ⑯ _____ the ⑰ _____ of

⑱ _____ that ⑲ _____ temporary or permanent ⑳ _____.

Considering the dangers that come with riding a motorcycle, ㉑ _____ a

㉒ _____ should be ㉓ _____ for all riders, ㉔ _____ of

㉕ _____.

정답

① motorcycle deaths ② could have been avoided ③ rider ④ wearing ⑤ proper helmet
⑥ helmets ⑦ effective ⑧ preventing fatalities ⑨ absorbs ⑩ impact ⑪ protects ⑫ head
⑬ vital ⑭ improving survivability ⑮ Aside from ⑯ reduce ⑰ risk ⑱ injuries ⑲ cause
⑳ paralysis ㉑ wearing ㉒ helmet ㉓ legally required ㉔ regardless ㉕ age

Question

Listen to the passage and summarize it.
지문을 듣고 요약해 주세요.

Of the nearly 4,000 motorcycle deaths last year, more than a thousand could have been avoided if the rider had been ① wearing a proper helmet. One study suggests that ② helmets are 37 percent effective in preventing fatalities. In an accident, the motorcycle helmet ③ absorbs the impact of the crash and protects the head. Since head injuries are the cause behind 75% of road traffic deaths, ④ helmets are vital for improving survivability. Aside from preventing deaths, helmets also ⑤ greatly reduce the risk of injuries that cause temporary or permanent paralysis. Considering the dangers that come with riding a motorcycle, ⑥ wearing a helmet should be legally required for all riders, regardless of age.

핵심 내용

작년 4,000건에 가까운 오토바이 사고 관련 사망건 중, 1,000건 이상의 사고는 운전자의 적절한 헬멧 착용으로 피할 수 있었을 것입니다. 한 연구는 헬멧이 사망 사고를 예방하는 데 37%의 효과가 있다고 주장합니다. 사고 시 오토바이 헬멧은 충격을 흡수하고 머리를 보호합니다. 머리를 다치는 것은 도로 위 사고로 인한 사망 원인의 75%를 차지하기 때문에, 헬멧은 생존 가능성을 높이는 데 필수적입니다. 사망 사고를 예방할 뿐만 아니라, 헬멧은 일시적이거나 영구적인 마비를 유발하는 부상의 위험성도 크게 줄여줍니다. 오토바이를 타면 수반되는 위험을 고려했을 때, 헬멧을 쓰는 것은 연령과 상관없이 모든 운전자들에게 법적으로 요구되어야 합니다.

💬 지문 분석 및 핵심내용 파악하기

핵심내용

❶ • 오토바이 탈 때 헬멧의 중요성 ➡

❷ • 사망 사고 예방 ➡

❸ • 충돌 흡수
• 머리 보호 ➡

❹ • 생존 가능성 높여줌 ➡

❺ • 마비를 유발하는 부상 위험 낮춰줌 ➡

❻ • 연령에 관계없이 헬멧 착용 필요

① the importance of wearing a helmet
헬멧을 쓰는 것의 중요성

➡ how important it is to wear a proper helmet
올바른 헬멧을 쓰는 것이 얼마나 중요한지

② Wearing helmets prevents deaths.
헬멧을 쓰는 것은 사망 사고를 예방합니다.

➡ Wearing proper helmets can help reduce the number of fatalities.
올바른 헬멧을 쓰는 것은 사망자 수를 줄이는 데 도움이 됩니다.

③ A helmet lowers the damage and protects the head.
헬멧은 피해를 줄이고 머리를 보호해줍니다.

➡ absorb the impact of the crash and keep the head safe
충격을 흡수하고 머리를 안전하게 지켜줌

④ Wearing helmets can save lives.
헬멧을 쓰는 것은 생명을 살릴 수 있습니다.

➡ Wearing helmets can significantly increase the chance of survival.
헬멧을 쓰는 것은 생존 가능성을 매우 높일 수 있습니다.

⑤ Helmets can prevent paralysis.
헬멧은 마비를 예방합니다.

➡ reduce the chance of becoming temporarily or permanently paralyzed
일시적이거나 영구적인 마비가 될 가능성을 줄여줌

⑥ All riders must wear a helmet.
모든 운전자들은 헬멧을 써야만 합니다.

➡ Every motorcycle rider should be legally required to wear a helmet.
모든 오토바이 운전자는 법적으로 헬멧을 쓰도록 요구되어야 합니다.

Listen to the passage and summarize it.

지문을 듣고 요약해 주세요.

🔊 MP3 4_37

Of the nearly 4,000 motorcycle deaths last year, more than a thousand could have been avoided if the rider had been ① wearing a proper helmet. One study suggests that ② helmets are 37 percent effective in preventing fatalities. In an accident, the motorcycle helmet ③ absorbs the impact of the crash and protects the head. Since head injuries are the cause behind 75% of road traffic deaths, ④ helmets are vital for improving survivability. Aside from preventing deaths, helmets also ⑤ greatly reduce the risk of injuries that cause temporary or permanent paralysis. Considering the dangers that come with riding a motorcycle, ⑥ wearing a helmet should be legally required for all riders, regardless of age.

핵심 내용

💬 모범 답변

35점⁺

🔊 MP3 4_38

This article is about **the importance of wearing a helmet.** According to this article, wearing helmets prevents deaths. In an accident, a helmet lowers the damage and protects the head. So, wearing helmets can save lives. Also, helmets can prevent paralysis. So, all riders must wear a helmet. This is everything I heard.

이 지문은 헬멧 착용의 중요성에 관한 것입니다. 글에 따르면, 헬멧을 쓰는 것은 사망 사고를 예방합니다. 사고가 나면, 헬멧은 피해를 줄이고 머리를 보호합니다. 따라서, 헬멧 착용은 생명을 살릴 수 있습니다. 또한, 헬멧은 마비를 예방합니다. 그러므로, 모든 운전자들은 헬멧을 써야만 합니다. 이것이 제가 들은 전부입니다.

필수 패턴

예상 추가 질문 🔊 MP3 4_39

Q Have you ever ridden a motorcycle with or without a helmet?
헬멧을 쓰거나 쓰지 않고 오토바이를 타본 적이 있나요?

Q Have you ever gotten into an accident on a motorcycle?
오토바이를 타고 사고가 나본 적이 있나요?

Q Motorcycle accidents are becoming more and more dangerous. What are some measures we can take to prevent motorcycle accidents?
오토바이 사고는 점점 더 위험해지고 있습니다. 오토바이 사고를 예방하기 위해 취할 수 있는 조치에는 무엇이 있나요?

50점⁺

This article is about ① how important it is to wear a proper helmet. Last year, 1,000 out of 4,000 deaths could have been prevented if the rider had been wearing an appropriate helmet. A study has found that ② helmets can help reduce the number of fatalities by 37% because helmets ③ absorb the impact of the crash and keep the head safe. 75% of road traffic deaths are caused by head injuries, so ④ wearing helmets can significantly increase the chance of survival. Moreover, not only do helmets prevent deaths, but they also ⑤ reduce the chance of becoming temporarily or permanently paralyzed. All in all, ⑥ every motorcycle rider should be legally required to wear a helmet.

이 글은 올바른 헬멧을 쓰는 것이 얼마나 중요한지에 관한 것입니다. 작년 한 해 운전자가 올바른 헬멧을 썼다면 4,000명의 사망자 중 1,000명은 막을 수 있었습니다. 한 연구는 헬멧이 충격을 흡수하고 머리를 안전하게 보호하기 때문에 사망자 수를 37% 낮출 수 있다는 것을 알아냈습니다. 도로 사망 사고의 75%는 머리 손상으로 일어나기 때문에, 헬멧을 쓰는 것은 생존 가능성을 크게 높일 수 있습니다. 게다가, 헬멧은 사망 사고를 예방할 뿐만 아니라, 일시적이거나 영구적인 마비 가능성을 낮추기도 합니다. 전반적으로, 모든 오토바이 운전자는 법적으로 헬멧을 쓰도록 요구되어야 합니다.

필수 패턴 **고득점 paraphrasing**

📖 **어휘** importance 중요성 prevent 예방하다, 막다 protect 보호하다 paralysis 마비 appropriate 적절한
the number of ~의 수 fatalities 사망자 수 absorb 흡수하다 injury 부상 significantly 상당히, 크게
temporarily 일시적으로 permanently 영구적으로 legally 법적으로

🔧 송쌤의 **꿀팁**

▸ B 중에 A 를 이야기 할 때에는 A out of B라고 합니다. out of 라는 표현을 반드시 기억해 주세요.

▸ All in all 은 결론을 이야기 할 때 서두에 말할 수 있는 좋은 표현입니다.

나만의 답변 만들기

지문을 듣고 나만의 답변을 만들어 보세요.

서론	
본론	
결론	

UNIT 12 단순 요약 3 인터넷/소셜 네트워킹

💬 듣기 연습 & 받아쓰기

🔊 MP3 4_41

지문을 듣고 답변에 필요하다고 생각되는 내용 혹은 글의 주제 및 기억나는 단어를 적어본 뒤 지문을 다시 들으며 빈칸을 채워 보세요.

The internet, and especially ① _____, has completely

② _____ people ③ _____ with each other.

In the ④ _____, ⑤ _____ people ⑥ _____

_____ to each other, but ⑦ _____ has ⑧ _____ to include

much ⑨ _____. Now, countless applications and platforms ⑩ _____ users

⑪ _____ and ⑫ _____ their own ⑬ _____ that contain various

⑭ _____, _____, and ⑮ _____. Users can

⑯ _____ out to other people ⑰ _____ the

⑱ _____. These networks have numerous ⑲ _____, as they help families

⑳ _____, ㉑ _____ people to ㉒ _____ friends, and

㉓ _____. However, there are also ㉔ _____,

such as ㉕ _____, _____, _____ of interest in

㉖ _____, and even ㉗ _____ feelings of

㉘ _____ and ㉙ _____.

정답 ① social networking ② reshaped how ③ communicate ④ 1970s ⑤ emails first allowed ⑥ to send digital messages ⑦ social networking ⑧ evolved ⑨ more ⑩ allow ⑪ to create ⑫ share ⑬ profiles ⑭ information, photographs ⑮ videos ⑯ instantly send messages ⑰ all around ⑱ world ⑲ benefits ⑳ stay in touch, ㉑ connect ㉒ new ㉓ provide educational opportunities ㉔ drawbacks, ㉕ identity theft, cyber bullying, lack ㉖ real-life social interactions ㉗ increased ㉘ isolation ㉙ depression

Question

Listen to the passage and summarize it.
지문을 듣고 요약해 주세요.

The internet, and especially ① social networking, has completely reshaped how people communicate **with each other**. ② In the 1970s, emails first allowed people to send digital messages to each other, **but** ③ social networking has evolved to include much more. **Now, countless applications and platforms allow users to create and share their own profiles that contain various information, photographs, and videos. Users can instantly send messages out to other people all around the world. These networks have numerous** ④ benefits, as they help families stay in touch, connect people to new friends, and provide educational opportunities. **However, there are also** ⑤ drawbacks, **such as** identity theft, cyber bullying, lack of interest in real-life social interactions, and even increased feelings of isolation and depression.

핵심 내용

인터넷과 특히 소셜 네트워킹은 사람들이 서로 소통하는 방식을 완전히 바꿨습니다. 1970년대에는 이메일이 처음으로 사람들이 서로 디지털 메시지를 보낼 수 있도록 했지만, 소셜 네트워킹은 보다 더 발전되었습니다. 오늘날에는 셀 수 없을 정도로 많은 애플리케이션과 플랫폼이 사용자가 다양한 정보와 사진, 그리고 영상을 포함한 본인의 프로필을 만들고 공유할 수 있도록 합니다. 사용자들은 전 세계의 다른 사람들에게 즉시 메시지를 보낼 수 있습니다. 이러한 네트워크에는 수많은 장점이 있는데, 이는 가족들이 연락을 주고받을 수 있도록 하고, 새로운 친구들과 연결하며, 교육의 기회를 제공하기 때문입니다. 그러나, 신분 도용이나 사이버 폭력, 실제 사회 속 관계에 대한 관심의 부재, 그리고 심지어 고립감과 우울감의 증가와 같은 단점도 있습니다.

지문 분석 및 핵심내용 파악하기

핵심내용

❶ • 소셜 네트워킹이 사람들의 소통 방식 바꿈

❷ • 70년대, 처음으로 이메일 주고 받음 (디지털)

❸ • 소셜네트워킹은 더욱 발전

❹ • 장점: 가족간 연락, 새로운 친구들과 연결, 교육의 기회 제공

❺ • 단점: 신분 도용, 사이버 폭력, 고립감, 우울감

① It affected communication between people.
사람들 사이의 의사소통에 영향을 줬습니다.

➡ how social networking has changed the way people communicate with each other
소셜 네트워킹이 사람들의 소통 방식을 어떻게 바꿨는지

② People first sent messages by emails.
처음에는 사람들이 이메일로 메시지를 보냈습니다.

➡ In the 70s, emails made it possible for people to send digital messages for the first time.
70년대에 이메일은 사람들이 처음으로 디지털 메시지를 보낼 수 있게 했습니다.

③ Social networking allows people to send information, photos, and videos to other people.
소셜 네트워킹은 사람들이 다른 사람들에게 정보와 사진, 그리고 영상을 보낼 수 있게 합니다.

➡ enable users to share their information, photographs, videos, and even exchange messages immediately
사용자들이 그들의 정보, 사진, 영상을 공유하고 심지어 메시지를 즉각적으로 주고받을 수 있게 함

④ People can keep in touch with their family, make new friends, and learn new things.
사람들은 가족과 연락하고, 새로운 친구를 사귀며, 새로운 것을 배울 수 있습니다.

➡ helping families to stay in touch, making new friends, and providing educational opportunities.
가족과 연락할 수 있게 하고, 새로운 친구를 사귀도록 하며, 교육의 기회를 제공함

⑤ There are some problems such as identity theft, cyber bullying, and depression.
신분 도용이나 사이버 괴롭힘, 그리고 우울증과 같은 문제가 있습니다.

➡ There are also disadvantages such as identity theft, cyber bullying, and even depression.
신분 도용이나 사이버 괴롭힘, 심지어는 우울증과 같은 단점도 있습니다.

Listen to the passage and summarize it.
지문을 듣고 요약해 주세요.

MP3 4_43

The internet, and especially ① social networking, has completely reshaped how people communicate with each other. ② In the 1970s, emails first allowed people to send digital messages to each other, but ③ social networking has evolved to include much more. Now, countless applications and platforms allow users to create and share their own profiles that contain various information, photographs, and videos. Users can instantly send messages out to other people all around the world. These networks have numerous ④ benefits, as they help families stay in touch, connect people to new friends, and provide educational opportunities. However, there are also ⑤ drawbacks, such as identity theft, cyber bullying, lack of interest in real-life social interactions, and even increased feelings of isolation and depression.

핵심 내용

💬 모범 답변

35점⁺

MP3 4_44

This article is about social networking. According to the article, it affected communication between people. People first sent messages by emails. However, social networking allows people to send information, photos, and videos to other people around the world. People can keep in touch with their family, make new friends, and learn new things. However, there are some problems such as identity theft, cyber bullying, and depression.

이 지문은 소셜 네트워킹에 관한 것입니다. 지문에 따르면, 소셜 네트워킹은 사람 사이의 의사소통에 영향을 줬습니다. 처음에 사람들은 이메일로 메시지를 보냈습니다. 그러나 소셜 네트워킹은 사람들이 전 세계의 다른 사람들에게 정보와 사진, 그리고 영상을 보내는 것을 가능하게 했습니다. 사람들은 가족과 연락하고, 새로운 친구를 사귀며, 새로운 것을 배울 수 있습니다. 그러나 신분 도용이나 사이버 괴롭힘, 그리고 우울증과 같은 몇 가지 문제도 있습니다.

필수 패턴

예상 추가질문 MP3 4_45

Q Do you connect with others on social networks?
소셜 네트워크에서 다른 사람들과 관계를 맺나요?

Q What are the pros and cons of communicating with people using social networking?
소셜 네트워킹을 사용하는 사람들과 소통하는 것의 장점과 단점은 무엇인가요?

50점+

This passage is about ① how the Internet, social networking to be exact, has changed the way people communicate with each other. ② In the 70s, emails made it possible for people to send digital messages for the first time. But, now, social networking includes numerous applications and platforms that ③ enable users to share their information, photographs, videos, and even exchange messages immediately with people around the world. Some of the advantages of social networking are ④ helping families to stay in touch, making new friends, and providing educational opportunities. However, ⑤ there are also disadvantages such as identity theft, cyber bullying, less real-life social interactions, and even depression or feeling left out.

이 지문은 인터넷, 정확히 말하자면 소셜 네트워킹이 사람들의 의사소통 방식을 어떻게 바꿨는지에 관한 것입니다. 70년대에 이메일은 사람들이 처음으로 디지털 메시지를 보낼 수 있도록 했습니다. 그러나 오늘날의 소셜 네트워킹은 사용자들이 그들의 정보, 사진, 영상을 공유하고, 심지어 전 세계의 사람들과 즉각적으로 메시지를 주고받을 수 있도록 하는 수많은 애플리케이션과 플랫폼을 포함합니다. 소셜 네트워킹의 몇 가지 장점으로는 가족들이 서로 연락하도록 돕고, 새로운 친구를 사귀도록 하며, 교육의 기회를 제공한다는 것이 있습니다. 그러나 신분 도용이나 사이버 괴롭힘, 현실에서의 낮은 사회적 상호작용, 그리고 우울증이나 소외감과 같은 단점도 있습니다.

필수 패턴 **고득점 paraphrasing**

어휘 affect 영향을 주다 allow A to B A가 B하는 것을 가능하게 하다 keep in touch with ~와 연락을 (유지)하다 identity theft 신원 도용 cyber bullying 사이버 괴롭힘 to be exact 정확히 말하자면 numerous 수많은 enable A to B A가 B할 수 있게 하다 exchange 주고받다 immediately 즉시 provide 제공하다 opportunity 기회 feel left out 소외감을 느끼다

송쌤의 꿀팁

▸ photograph 발음 강세에 유의해주세요. photograph 의 강세는 pho 에 있습니다. [포-토그뤠f]
하지만 비슷하게 생긴 photography 는 to 에 강세를 두어 [포토-그뤠fy] 라고 발음합니다.

나만의
답변
만들기

지문을 듣고 나만의 답변을 만들어 보세요.

서론	
본론	
결론	

단순 요약 4
잠의 중요성

💬 **듣기 연습 & 받아쓰기**

🔊 MP3 4_47

지문을 듣고 답변에 필요하다고 생각되는 내용 혹은 글의 주제 및 기억나는 단어를 적어본 뒤 지문을 다시 들으며 빈칸을 채워 보세요.

---

① _____ enough ② _____ is a ③ _____ part of living a ④ _____ lifestyle,

and it is just ⑤ _____ and ⑥ _____.

Thus, getting a full night's rest should be a ⑦ _____ if you want to live

a ⑧ _____ life. Health professionals have discovered numerous ⑨ _____ of

⑩ _____ the ⑪ _____ hours of ⑫ _____. First, it ⑬ _____ both

⑭ _____ and ⑮ _____. Second, ⑯ _____ sleep makes

people more ⑰ _____ and ⑱ _____ their ⑲ _____

_____. Finally, getting plenty of sleep is a great ⑳ _____

against ㉑ _____. In a study that investigated deaths by ㉒ _____ over

ten years, it was concluded that a ㉓ _____ of ㉔ _____ was a ㉕ _____

in many of the cases.

 정답

① Getting ② sleep ③ key ④ healthy ⑤ as important as exercising regularly ⑥ eating well
⑦ top priority ⑧ healthy ⑨ benefits ⑩ achieving ⑪ recommended ⑫ sleep ⑬ improves
⑭ productivity ⑮ concentration ⑯ sufficient ⑰ socially alert ⑱ heightens ⑲ emotional
intelligence ⑳ defense ㉑ depression ㉒ suicide ㉓ shortage ㉔ sleep ㉕ factor

Question

Listen to the passage and summarize it.
지문을 듣고 요약해 주세요.

① Getting enough sleep is a key part of living a healthy lifestyle, **and it is just as important as exercising regularly and eating well. Thus,** ② getting a full night's rest should be a top priority if you want to live a healthy life. **Health professionals have discovered numerous benefits of achieving the recommended hours of sleep. First, it** ③ improves both productivity and concentration. **Second, sufficient sleep makes people more socially alert and** ④ heightens their emotional intelligence. **Finally, getting plenty of sleep is** ⑤ a great defense against depression. **In a study that investigated deaths by** suicide **over ten years, it was concluded that** a shortage of sleep was a factor in many of the cases.

핵심 내용

건강한 삶을 사는 데 중요한 핵심 요소는 충분한 수면을 취하는 것인데, 이는 규칙적인 운동과 잘 먹는 것만큼이나 중요합니다. 따라서, 건강한 삶을 원한다면 매일 밤 충분한 수면이 최우선순위가 되어야 합니다. 건강 전문가들은 권장 수면 시간을 지키는 것의 수많은 장점을 알아냈습니다. 첫째로, 생산성과 집중력을 향상시켜줍니다. 둘째로, 충분한 수면은 사람들이 사회적으로 깨어 있도록 하고 그들의 감성 지능을 높여줍니다. 마지막으로, 충분한 수면은 우울증을 예방하는 큰 방어 수단입니다. 10년 넘게 자살에 의한 사망을 조사한 한 연구는 수면 부족이 여러 사건의 원인이었다고 결론지었습니다.

🗨 지문 분석 및 핵심내용 파악하기

핵심내용

① • 건강한 삶의 핵심 요소는 충분한 수면 ➡ **②** • 충분한 수면이 최우선 ➡ **③** • 생산성과 집중력 향상 ➡

④ • 감성 지능 높여 줌 ➡ **⑤** • 우울증 예방
• 자살률 감소

① the relationship between sleep and a healthy lifestyle
수면과 건강한 삶의 관계

➡ the importance of getting enough sleep for a healthy life
건강한 삶을 위한 충분한 수면의 중요성

② Sleeping is important for a healthy life.
수면은 건강한 삶을 위해 중요합니다.

➡ In order to live a healthy life, getting a full night's sleep should be a prime concern.
건강한 삶을 살기 위해서는, 매일 밤 충분한 수면을 취하는 것이 가장 중요합니다.

③ It improves productivity and concentration.
생산성과 집중력을 향상시킵니다.

➡ It can lead to stronger productivity and concentration.
생산성과 집중력이 높아질 수 있습니다.

④ It's good for your emotional intelligence.
감성 지능에 도움이 됩니다.

➡ It's helpful for people to be more socially alert and to increase their emotional intelligence.
사람들이 사회적으로 더 깨어 있게 도와주고, 감성 지능을 높여줍니다.

⑤ It can prevent depression and suicidal attempts.
우울증과 자살 시도를 예방할 수 있습니다.

➡ It can help fight off depression and prevent people from committing suicide.
우울증을 물리치거나 사람들의 자살 시도를 예방하도록 도와줍니다.

Listen to the passage and summarize it.
지문을 듣고 요약해 주세요.

🔊 MP3 4_49

① Getting enough sleep is a key part of living a healthy lifestyle, and it is just as important as exercising regularly and eating well. Thus, ② getting a full night's rest should be a top priority if you want to live a healthy life. Health professionals have discovered numerous benefits of achieving the recommended hours of sleep. First, it ③ improves both productivity and concentration. Second, sufficient sleep makes people more socially alert and ④ heightens their emotional intelligence. Finally, getting plenty of sleep is ⑤ a great defense against depression. In a study that investigated deaths by suicide over ten years, it was concluded that a shortage of sleep was a factor in many of the cases.

핵심 내용

💬 모범 답변

35점⁺

🔊 MP3 4_50

This article is about the relationship between sleep and a healthy lifestyle. According to the article, sleeping is important for a healthy life. First, it improves productivity and concentration. Second, it's good for your emotional intelligence. Lastly, it can prevent depression.

이 글은 수면과 건강한 삶의 관계에 관한 것입니다. 글에 따르면, 건강한 삶을 위해 수면은 중요합니다. 첫째로, 생산성과 집중력을 향상시킵니다. 둘째로, 감성 지능에 도움이 됩니다. 마지막으로, 우울증을 예방할 수 있습니다.

필수 패턴

예상 추가질문 🔊 MP3 4_51

Q How many hours of sleep do you get a day?
하루에 몇 시간을 자나요?

Q Do you agree that getting enough sleep is directly related to your healthy life?
충분한 수면을 취하는 것이 건강한 삶과 직접적으로 관련되어 있다는 것에 동의하나요?

Q What can be caused by lack of sleep? / What can a lack of sleep lead to?
수면 부족이 어떤 결과를 낳을 수 있나요?

50점+

This article is about ① the importance of getting enough sleep for a healthy life. According to the article, getting enough sleep is as important as working out on a regular basis and eating balanced meals. The article says, ② in order to live a healthy life, getting a full night's sleep should be a prime concern. Based on health professionals' studies, a number of benefits can come from obtaining the recommended hours of sleep. First, ③ it can lead to stronger productivity and concentration. Second, ④ it's helpful for people to be more socially alert and to increase their emotional intelligence. Lastly, ⑤ it can help fight off depression and prevent people from committing suicide.

이 글은 건강한 삶을 위해 충분한 수면을 취하는 것의 중요성에 관한 것입니다. 글에 따르면, 충분한 수면을 취하는 것은 정기적으로 운동을 하거나 균형이 잡힌 식사를 하는 것만큼이나 중요합니다. 글에서는 건강한 삶을 위해 매일 밤 잠을 푹 자는 것이 가장 중요하다고 합니다. 건강 전문가들의 연구를 바탕으로, 권장 수면 시간을 지키는 것에는 여러 장점이 있습니다. 첫째로, 생산성과 집중력을 높여줄 수 있습니다. 둘째로, 사람들이 사회적으로 깨어 있고 감성 지능을 높이는 데 도움을 줍니다. 마지막으로, 우울증을 물리치거나 사람들의 자살 시도를 예방하도록 도와줍니다.

필수 패턴 **고득점 paraphrasing**

어휘 improve 개선하다, 향상시키다 concentration 집중력 emotional intelligence 감성 지능 balanced 균형 잡힌 prime 주요한 based on ~를 바탕으로 obtain 얻다 recommend 권장하다 alert 기민한, 경계하는 fight off ~와 싸워 물리치다 commit suicide 극단적인 선택을 하다 (자살하다)

송쌤의 꿀팁

▶ 잠을 자다 를 영어로 표현하자면 아주 많은 표현이 있습니다. 하지만 많은 학습자분들께서 get enough sleep 의 표현을 모르시는데요, 원어민들이 아주 많이 사용하는 표현 중 하나 입니다. sleep 을 동사가 아닌 명사로 get enough sleep 잠을 충분히 자다. 라는 표현으로도 아주 많이 사용된다는 것 반드시 알아두세요!

나만의 답변 만들기

지문을 듣고 나만의 답변을 만들어 보세요.

서론	
본론	
결론	

실전
연습

앞서 배운 내용을 활용하여 답변해 보세요.

> ## Q Listen to the passage and summarize it.
> 지문을 듣고 요약해 주세요.

⊘ 글의 주제

_____

_____

⊘ 기억나는 단어 및 내용

_____

_____

_____

_____

_____

_____

_____

The internet has become an essential part of modern life. ① Everyone uses it in one way or another, whether it's to communicate with friends, shop for clothes, or apply for a job. Plus, ② thanks to mobile technology, it can be accessed from anywhere at any time. **Of course, this revolutionary technology comes with positive and negative aspects.** ③ Among its benefits, the internet allows for the easy spread of information, so people can learn about any topic simply by doing an online search. It has also made instant communication possible through email and text messages. ④ However, its negative effects are also serious. The illegal downloading of copyrighted material has forced the music and entertainment industries to completely change. **Furthermore,** ⑤ cyber criminals use the internet to spread computer viruses or steal personal information, **such as credit card numbers, and sensitive documents.**

핵심 내용

인터넷은 현대 사회의 필수적인 부분이 되었습니다. 모든 사람들이 친구들과 연락하고, 옷을 구매하고, 또는 구직하는 등 어떤 방식으로든지 인터넷을 사용합니다. 또한 모바일 기술 덕분에 언제 어디서든 접속할 수 있습니다. 이 혁신적인 기술은 당연히 긍정적인 측면과 부정적인 측면을 동반합니다. 장점 중에서, 인터넷은 정보의 수월한 확산을 가능하게 만들어서, 사람들은 온라인 검색하기를 통해 어떤 주제에 관해서도 배울 수 있습니다. 또한 인터넷과 문자 메시지를 통해 즉각적인 소통이 가능해졌습니다. 그러나, 부정적인 효과도 심각합니다. 저작권이 있는 자료를 불법 다운로드하는 것은 음악과 연예 산업 분야를 완전히 바꿔버렸습니다. 게다가, 사이버 범죄자들은 바이러스를 퍼뜨리거나 신용카드 번호나 중요한 문서와 같은 개인정보를 유출하는 데 인터넷을 이용합니다.

💬 모범 답변

35점+ 🔊 MP3 4_54

This passage is about the internet. According to the passage, **everyone uses it to communicate with friends, shop, or get a job.** It says that **there are advantages and disadvantages. One advantage is that it spreads information easily. Second is that people can communicate very fast. But, one disadvantage is that people download materials illegally. Also, computer viruses can spread and personal information is stolen.**

이 지문은 인터넷에 관한 것입니다. 지문에 따르면, 모든 사람들은 친구들과 소통, 쇼핑, 또는 구직을 하기 위해 인터넷을 사용합니다. 지문에서는 이에 대한 장단점이 있다고 합니다. 장점 중 하나는 인터넷이 정보를 손쉽게 확산시킨다는 것입니다. 둘째로는 사람들이 굉장히 빠르게 소통할 수 있다는 것입니다. 그러나, 단점 중 하나는 사람들이 자료를 불법적으로 다운로드 받는다는 것입니다. 또한, 컴퓨터 바이러스가 확산될 수 있고 개인 정보가 유출될 수 있습니다.

필수 패턴

예상 추가 질문 🔊 MP3 4_55

Q What do you use the internet for?
인터넷을 무슨 용도로 사용하나요?

Q What are the advantages and disadvantages of using the internet?
인터넷을 사용하는 것의 장점과 단점에는 무엇이 있나요?

Q In what ways has the internet improved our lives?
인터넷이 어떻게 우리의 삶을 향상시켰나요?

Q Have you ever been a victim of crime on the internet?
인터넷상 범죄의 피해자가 된 적이 있나요?

50점⁺ 🔊 MP3 4_56

This passage is about the pros and cons of the internet. ① Since everyone uses the internet in one way or another, it has become an essential part of modern life. People use it to communicate with friends, shop for clothes, or even apply for a job, because ② the internet can be accessed from anywhere at any time owing to mobile technology. ③ Some of the advantages of the internet are that information can be spread easily and people can communicate instantly by using email and social networking. ④ On the other hand, the internet also has some drawbacks. People use the internet to illegally download copyrighted materials, and ⑤ cyber criminals spread computer viruses and steal confidential information.

이 지문은 인터넷의 장단점에 관한 것입니다. 모든 사람이 어떤 방식으로든 인터넷을 사용하기 때문에, 인터넷은 현대 사회의 필수적인 부분이 되었습니다. 사람들은 친구들과 소통하고 옷을 사거나 심지어 구직하는 데도 인터넷을 사용하는데, 이는 모바일 기술 덕분에 언제 어디서든 인터넷에 접속할 수 있기 때문입니다. 인터넷의 몇 가지 장점으로는 정보가 쉽게 확산될 수 있고, 사람들이 이메일과 소셜 네트워킹을 사용하여 즉각적으로 소통할 수 있다는 것입니다. 반면에, 인터넷에는 몇 가지 문제점도 있습니다. 사람들은 저작권이 있는 자료를 불법적으로 다운로드 받는 데 인터넷을 사용하고, 사이버 범죄는 컴퓨터 바이러스를 퍼뜨리거나 기밀 정보를 훔칩니다.

필수 패턴 **고득점 paraphrasing**

어휘 spread 퍼뜨리다, 확산시키다 steal 훔치다 owing to ~ 때문에 instantly 즉각, 즉시 copyright 저작권 보호를 받는, 무단 복제가 금지되는 criminal 범죄자 confidential 기밀의

CHAPTER 5

의견을 묻는 질문

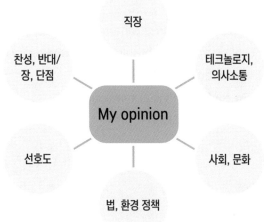

빈출 주제	빈출 질문
직장	동기부여, 상하 관계, 통근, 사람 관계, 기술, 복장
테크놀로지, 의사소통	변화, 영향, 장단점, 최신기술, 인터넷, SNS, 방식
사회, 문화	성 역할, 예절, 문화, 인식, 사회 제도
법, 환경 정책	강화의 필요성, 환경 보존, 기술 발전, 바꾸길 원하는 정책, 현재 정책
선호도	삶의 방식, 일 방식, 피드백 방식, 여가 방식, 지불 방식
찬성, 반대/장점, 단점	유학, 학습 방식, 장단점, 개인의 자유, 언론의 자유, 재택 근무

UNIT 14 직장

직장과 관련된 질문들이 출제됩니다. 직장에서 하는 기본적인 업무, 혹은 일상적인 루틴에서부터 직장내에서의 문화까지 다양하게 출제될 수 있으니, 관련 어휘와 표현을 익혀주세요.

💬 문제 예시

- What do you think about having a dress code in your company?
- Do you think maintaining strong relationships with coworkers is necessary?
- What do you think is the biggest employee motivator?
- Have you ever had any conflict with your colleagues?
- Have you ever felt unmotivated at work?

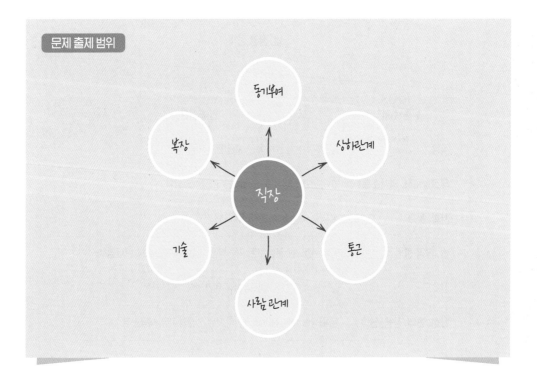

문제 출제 범위

- 동기부여
- 상하관계
- 복장
- 직장
- 통근
- 기술
- 사람 관계

Question

Some companies enforce a strict dress code while some don't. What do you think about having a dress code in your company?

어떤 회사들은 복장 규정이 엄격한 반면, 어떤 회사들은 그렇지 않습니다. 당신의 회사에서 복장 규정을 두는 것에 대해 어떻게 생각하나요?

💬 브레인스토밍

좋다고 생각 안 함 ➡ 개인의 자유 ➡ 표현과 창의력을 억제함 ➡ 일의 능률 떨어짐 ➡ 회사에도 안 좋은 영향

💬 필수 패턴

- 주어 have the freedom of 명사(동사ing).

  주어는 ~할 자유가 있습니다.

  Employees should have the freedom of choosing what to wear.
  직원들은 무엇을 입을지 고르는 것에 대해 자유를 가져야 합니다.

- 주어 will(not) be able to 동사. ・50점+

  주어는 ~할 수 있을(없을) 것입니다.

  Employees will not be able to express their views and creativity.
  직원들은 그들의 생각과 창의력을 표현할 수 없을 것입니다.

- what(when/where/how) to 동사

  무엇을(언제/어디서/어떻게) ~할지

  Employees should be able to choose what to wear.
  직원들은 무엇을 입을지를 선택할 수 있어야 합니다.

- 　　A　　 lead(s) to 　B　 .

  A는 B로 이어질 수 있습니다.

  A dress code might lead to less productivity and efficiency in work.
  복장 규정은 업무상 생산성과 효율성을 낮출 수 있습니다.

- 　　A　　 have(has) a positive(huge/bad) impact on 　B　 . ・50점+

  A는 B에 긍정적인(엄청난/나쁜) 영향을 줍니다.

  Having a good relationship with coworkers will have a positive impact on your work productivity.
  동료들과 좋은 관계를 유지하는 것은 업무 생산성에 긍정적인 영향을 줄 것입니다.

CHAPTER 5 의견을 묻는 질문

Q Some companies enforce a strict dress code while some don't. What do you think about having a dress code in your company?

어떤 회사들은 복장 규정이 엄격한 반면, 어떤 회사들은 그렇지 않습니다. 당신의 회사에서 복장 규정을 두는 것에 대해 어떻게 생각하나요?

💬 모범 답변

35점⁺ 🔊 MP3 5_2

I think it is not a good idea for a couple of reasons. First, employees should have the freedom of choosing what to wear. Second, a dress code might lead to less productivity and efficiency in work because of discomfort.

저는 몇 가지 이유로 (엄격한 복장 규정을 시행하는 것은) 좋은 생각이 아니라고 생각합니다. 첫째로, 직원들은 무엇을 입을지 고르는 것에 대해 자유를 가져야 합니다. 둘째로, 복장 규정은 불편함 때문에 직장에서의 생산성과 효율성을 낮출 수 있습니다.

필수 패턴 핵심 내용

예상 추가 질문 🔊 MP3 5_3

Q What's your opinion on having a company dress code?
회사에서 복장을 규정하는 것에 대한 당신의 의견은 무엇인가요?

Q What are the advantages and disadvantages of having a company dress code?
회사에서 복장을 규정하는 것의 장단점은 무엇인가요?

50점⁺ 🔊 MP3 5_4

In my opinion, having a dress code is unnecessary for a couple of reasons. First, deciding what to wear is a personal choice and this freedom must not be dictated by the company. If companies restrain this freedom, then employees will not be able to express their views and creativity, which might affect both the company and employees negatively in the long run. Moreover, enforcing a dress code causes discomfort, which is likely to cause problems such as losses in productivity and efficiency in work. This would definitely have a negative impact on companies as well.

제 생각에는 복장을 규정하는 것이 몇 가지 이유로 불필요하다고 생각합니다. 첫째로, 무엇을 입을지 결정하는 것은 개인의 선택이며, 이 자유는 회사에 의해 좌우되지 않아야 합니다. 회사가 이 자유를 제한하면 직원들은 그들의 견해나 창의성을 표현하지 못하게 될 것이며, 장기적으로는 회사와 직원 모두에게 부정적인 영향을 줄 것입니다. 게다가, 복장 규정을 강요하는 것은 불편함을 초래하는데, 이는 업무의 생산성과 효율성 상실과 같은 문제를 초래할 가능성이 높습니다. 이는 회사에도 분명히 부정적인 영향을 줄 것입니다.

필수 패턴 핵심 내용

어휘 dictate 지시하다, ~을 좌우하다, ~에 영향을 주다 restrain 제한하다 express 표현하다 in the long run 결국
be likely to ~할 가능성이 있다

앞서 배운 내용을 활용하여 나만의 답변을 만들어 보세요.

서론	
본론	
결론	

Question

Some believe that maintaining strong relationships with coworkers is necessary. What is your opinion on this matter?

어떤 사람들은 동료들과 돈독한 관계를 유지할 필요가 있다고 생각합니다. 이 문제에 대한 당신의 의견은 무엇인가요?

💬 브레인스토밍

중요함 ➡ 도움이 됨 ➡ 문제가 생겼을 때 도움 요청 가능 ➡ 관계와 성과 사이의 관련성 ➡ 팀워크가 좋으면 일의 성과가 좋음

💬 필수 패턴

- **You can 동사 without difficulty.**
어려움없이 ~할 수 있습니다.

  You can ask for help without difficulty from your coworkers.
어렵지 않게 동료들에게 도움을 요청할 수 있습니다.

- **A help(s) 목적어 (to) 동사 ~ .**
A는 목적어가 동사하는 데 도움이 됩니다.

  It will help you perform better because of stronger teamwork.
강력한 팀워크 덕분에 일을 더 잘하는 데 도움이 될 것입니다.

- **A aid(s) 목적어 in 동사ing ~ .** ·50점+
A는 목적어가 동사ing하는 데 도움이 됩니다.

  Having a close relationship with coworkers will aid you in performing better at work.
동료들과 친밀한 관계를 맺는 것은 일을 더 잘하는 데 도움이 될 것입니다.

- **A am(are/is) associated with B .** ·50점+
A는 B와 밀접한 관련이 있습니다.

  The culture is strongly associated with the language.
문화는 언어와 밀접한 관련이 있습니다.

- **A am(are/is more/less) likely to 동사 ~ .** ·50점+
A는 ~할 가능성이 있습니다(많습니다/적습니다).

  Old people are less likely to listen to other people's opinion.
노인들은 다른 사람들의 의견에 귀를 기울이지 않을 가능성이 적습니다.

Q Some believe that maintaining strong relationships with coworkers is necessary. What is your opinion on this matter?

어떤 사람들은 동료들과 돈독한 관계를 유지할 필요가 있다고 생각합니다. 이 문제에 대한 당신의 의견은 무엇인가요?

🗨 모범 답변

35점+ 　　　　　　　　　　　　　　　　　　　　　🔊 MP3　5_6

Yes, it is important. First, you can ask for help without difficulty from your coworkers whenever you need a hand with your work. Second, it will help you to perform better because of stronger teamwork.

네, (동료들과 돈독한 관계를 유지하는 것은) 중요합니다. 첫째로, 직장에서 도움이 필요할 때 어렵지 않게 동료들에게 도움을 요청할 수 있습니다. 둘째로, 견고한 팀워크 덕분에 일을 더 잘할 수 있을 것입니다.

　　　　　　　　　　　　　　　　　　　　　　　　　　　필수 패턴 **핵심 내용**

예상 추가질문 　🔊 MP3　5_7

Q How do you handle it when you have a conflict with your coworkers?
동료와 갈등이 있을 때 어떻게 대처하나요?

Q Have you ever had any problem with your coworkers?
동료와 문제가 있었던 적이 있나요?

50점+ 　　　　　　　　　　　　　　　　　　　　　🔊 MP3　5_8

Without hesitation, I can definitely say that it is important. First, having good relationships with coworkers can come in handy. For example, when you need help with your work, your coworkers will be happy to help you, and this will aid you in performing better at work. Second, there is a close association between one's relationship with coworkers and achievement. I've read an article saying that organizations where employees maintain strong relationships are more likely to perform better because of stronger teamwork.

망설임 없이, 저는 (동료들과 돈독한 관계를 유지하는 것이) 중요하다고 분명하게 말할 수 있습니다. 첫째로, 동료들과 좋은 관계를 갖는 것은 도움이 될 때가 있습니다. 예를 들어, 직장에서 도움이 필요할 때 동료들은 기꺼이 도와줄 것이고, 이는 제가 일을 더 잘하는 데 도움이 될 것입니다. 둘째로, 동료들과의 관계와 성과 사이에는 밀접한 관련이 있습니다. 직원들이 서로 돈독한 관계를 유지하는 조직은 강력한 팀워크 덕분에 일을 더 잘하는 경향이 있다는 것을 글에서 읽은 적이 있습니다.

　　　　　　　　　　　　　　　　　　　　　　　　　　　필수 패턴 **핵심 내용**

📖 **어휘** without difficulty 문제없이, 편하게　whenever ~할 때는 언제든지　need a hand 도움이 필요하다　perform 수행하다　without hesitation 주저없이, 망설이지 않고　come in handy 쓸모가 있다, 도움이 되다　close association 밀접한 관련　achievement 성과, 달성

나만의 답변 만들기

앞서 배운 내용을 활용하여 나만의 답변을 만들어 보세요.

서론	

본론	

결론	

Question

What do you think is the biggest employee motivator?
직원들에게 가장 강력한 동기를 부여하는 요소는 무엇이라고 생각하나요?

💬 **브레인스토밍**

돈이 가장 큰 동기부여 ➡ 사람들은 돈 때문에 일함 ➡ 많은 이유 ➡ 돈이 사람들을 일하게 함 ➡ 잘하는 직원에게는 더 많은 돈을 줘야함

💬 **필수 패턴**

- **It is true that 주어 + 동사 ~ .**
  주어가 ~하는 것이 사실입니다.

  It is true that money makes people work.
  돈이 사람으로 일하게 만드는 것이 사실입니다.

- **＿＿＿ A ＿＿＿ motivate(s) 목적어 to 동사 ~ .**
  A는 목적어가 동사하도록 동기를 부여합니다.

- **＿＿＿ A ＿＿＿ encourage(s) 목적어 to 동사 ~ .**
  A는 목적어가 동사하도록 장려합니다.

  Monetary incentives will motivate/encourage other employees to work harder.
  금전적인 인센티브는 다른 직원들이 더 열심히 일하도록 동기를 부여할/장려할 것입니다.

- **What I mean is that 주어 + 동사 ~ .**
  구체적으로 말하자면 주어가 ~하다는 것입니다.

  What I mean is that people work for many different purposes.
  사람들은 여러 다양한 목적으로 일을 한다는 뜻입니다.

- **There is no denying that 주어 + 동사 ~ .** • 50점+
  주어가 ~하다는 것은 부정할 수 없습니다.

  There is no denying that money is the most important driving force that makes people work.
  사람들을 일하게 만드는 가장 중요한 원동력이 돈이라는 것은 부정할 수 없습니다.

- **have no doubt that 주어 + 동사 ~ .** • 50점+
  주어가 ~ 하다는 점에 의심할 여지가 없습니다.

  I have no doubt that people would work harder if they got paid more.
  사람들이 보수를 더 많이 받으면 더 열심히 일할 것이라는 점에는 의심할 여지가 없습니다.

Q What do you think is the biggest employee motivator?
직원들에게 가장 강력한 동기를 부여하는 요소는 무엇이라고 생각하나요?

💬 모범 답변

35점+　　　　　　　　　　　　　　　　　　　　　🔊 MP3 5_10

I think money is the biggest motivator. People work because they get money. There are many reasons why people work, but it is true that money makes people work. So, the best employees must be paid more money, and this will motivate other employees to work harder.

저는 돈이 가장 강력한 동기부여 요소라고 생각합니다. 사람들은 돈을 벌기 위해 일합니다. 사람들이 일하는 데는 많은 이유가 있지만, 돈이 사람들을 일하게 만든다는 것은 사실입니다. 따라서, 일을 잘하는 직원들은 돈을 더 많이 받아야 하고, 이는 다른 직원들이 더 열심히 일하도록 동기를 부여할 것입니다.

필수 패턴　핵심 내용

예상 추가 질문　🔊 MP3 5_11

Q What motivates you the most?
가장 동기를 부여하는 것은 무엇인가요?

Q Have you ever felt unmotivated to work? When and why?
일할 의욕이 없었던 적이 있나요? 언제였고, 그 이유는 무엇이었나요?

50점+　　　　　　　　　　　　　　　　　　　　　🔊 MP3 5_12

In my opinion, monetary incentives would motivate them the most. If it wasn't for money, there wouldn't be that many people working. What I mean is that people work for many different purposes, but there is no denying that money is the most important driving force that makes people work. Therefore, a system in which monetary rewards are given to high-performing employees must be implemented to motivate employees. In the end, everyone would work hard to earn financial rewards.

제 생각에는, 금전적인 인센티브가 동기를 가장 잘 부여할 것 같습니다. 돈을 벌기 위해서가 아니라면, 그렇게 많은 사람들이 일을 하지는 않을 것입니다. 사람들은 다양한 목적으로 일을 하지만, 그들을 일하게 만드는 가장 중요한 원동력은 돈이라는 것은 부정할 수 없다는 뜻입니다. 그러므로, 직원들에게 동기를 부여하기 위해 성과가 높은 직원들이 금전적인 보상을 받는 시스템이 시행되어야 합니다. 결과적으로, 모든 사람이 금전적인 보상을 받기 위해 열심히 일할 것입니다.

필수 패턴　핵심 내용

어휘 motivator 동기부여자, 동기를 부여하는 것　motivate 동기를 부여하다　monetary incentives 금전적 보상
purpose 목적　there is no denying ~은 부정할 수 없다　driving force 원동력　reward 보상　high-performing 성취도가 높은, 실력이 좋은　implement 시행하다　earn 얻다, 벌다　financial 금전적인, 재정적인

나만의 답변 만들기

앞서 배운 내용을 활용하여 나만의 답변을 만들어 보세요.

서론	
본론	
결론	

UNIT 15 테크놀로지, 의사소통

테크놀로지와 관련된 질문들이 출제됩니다. 매일 쓰는 최신 기술에서부터 기술 발전에 따른 의사소통의 변화까지 다방면으로 문제가 주어질 수 있습니다. 기술과 소통에 관련된 어휘 및 표현을 익혀주세요.

💬 문제 예시

- What are some positives and negatives of the internet?
- How do you think technological advances changed the way people communicate?
- Which do you prefer, communicating with people face-to-face, or online?
- Do you think technological advances have made people's lives more comfortable?

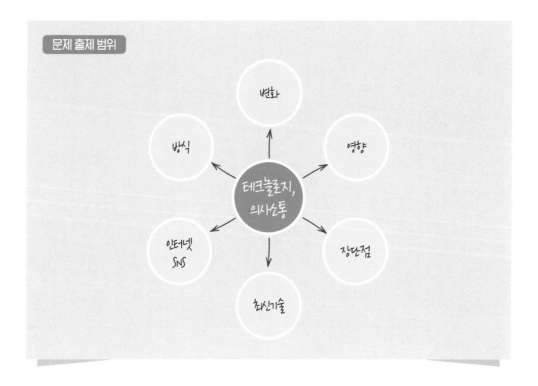

문제 출제 범위

변화

영향

방식

테크놀로지,
의사소통

장단점

인터넷
SNS

최신기술

What are some positives and negatives of the internet in our society?
우리 사회에서 인터넷의 긍정적인 측면과 부정적인 측면에는 어떤 것들이 있나요?

🗨 브레인스토밍

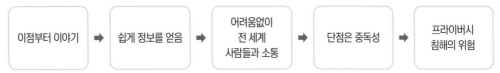

🗨 필수 패턴

- To talk(tell you) about A first, 주어 + 동사 ~ .
  A에 대해 먼저 말하자면, 주어는 ~합니다.

  To talk about the benefits first, people can get information easily thanks to the internet.
  이점에 대해 먼저 말하자면, 사람들은 인터넷 덕분에 정보를 손쉽게 얻을 수 있습니다.

- Thanks to A , ~ .
  A 덕분에, ~입니다.

  People can get information easily thanks to the internet.
  사람들은 인터넷 덕분에 정보를 손쉽게 얻을 수 있습니다.

- A can be a negative(positive) aspect of B . ·50점+
  A는 B의 부정적인(긍정적인) 측면이 될 수 있습니다.

  Addiction to the internet, especially social media, can be a negative aspect of the internet.
  인터넷, 특히 소셜 미디어로의 중독은 인터넷의 부정적인 측면이 될 수 있습니다.

- A make(s) it 형용사 for 목적어 to 동사 ~ . ·50점+
  A는 목적어가 ~하기 형용사하게 만듭니다.

  The internet has made it easy for people to access information at any time and from anywhere.
  인터넷은 사람들이 언제 어디서든 정보에 접근하기 쉽게 만들었습니다.

- A enable(s) 목적어 to 동사 ~ . ·50점+
  A는 목적어가 ~하는 것을 가능하게 합니다.

  The internet has enabled people to communicate with others around the world even in real time.
  인터넷은 사람들이 심지어 실시간으로 전 세계의 다른 사람들과 소통할 수 있도록 했습니다.

Q What are some positives and negatives of the internet in our society?

우리 사회에서 인터넷의 긍정적인 측면과 부정적인 측면에는 어떤 것들이 있나요?

💬 모범 답변

35점+

🔊 MP3 5_14

To talk about **the benefits first**, people can get information easily thanks to **the internet**. Also, people can <u>communicate with people around the world</u> without difficulty. However, <u>addiction</u> to the internet, especially social media, can be a negative aspect of the internet. Also, our <u>personal privacy</u> can be at risk.

이점에 대해 먼저 말하자면, 사람들은 인터넷 덕분에 손쉽게 정보를 얻을 수 있습니다. 또한, 사람들은 어려움없이 전 세계 사람들과 소통할 수 있습니다. 그러나 인터넷, 특히 소셜 미디어 중독은 인터넷의 부정적인 측면이 될 수 있습니다. 또한, 개인 정보도 침해될 위험이 있습니다.

필수 패턴 **핵심 내용**

예상 추가 질문 🔊 MP3 5_15

Q Do you think you're addicted to the internet?
인터넷에 중독되었다고 생각하나요?

Q Do you believe that the internet has brought a lot of benefits to our society?
인터넷이 사회에 많은 이점들을 주었다고 생각하나요?

50점+

🔊 MP3 5_16

To tell you about **the benefits first**, **the <u>internet</u> has** made it easy for people to <u>access information</u> at any time and from anywhere. Also, the internet has enabled people to <u>communicate with others</u> around the world, even in real time. However, there are some drawbacks as well. One of the many negative aspects of the internet is <u>addiction</u> to social media. Social media is known to cause depression among young people because it makes them feel <u>socially isolated</u>. Also, our <u>personal privacy</u> is at risk. Hackers can easily <u>access our personal information</u>, such as our bank information, and commit identity theft.

이점에 대해 먼저 말하자면, 인터넷은 사람들이 언제 어디서든 정보에 접근하기 쉽게 만들었습니다. 또한 인터넷은 사람들이 심지어 실시간으로 전 세계의 다른 사람들과 소통할 수 있도록 했습니다. 그러나, 단점도 있습니다. 인터넷의 많은 단점들 중 하나는 소셜 미디어 중독입니다. 소셜 미디어는 젊은 사람들에 우울증을 유발하는 것으로 알려졌는데, 이는 소셜 미디어가 사회적 고립감을 주기 때문입니다. 또한, 개인 정보도 침해될 위험이 있습니다. 해커들은 손쉽게 은행 정보와 같은 개인 정보에 접근해 신원 도용 범죄를 저지를 수 있습니다.

필수 패턴 **핵심 내용**

추가 문장

There are multiple benefits the internet has brought to society, but there are many negative aspects of it as well. 인터넷은 사회에 많은 이점들을 가져왔지만, 부정적인 측면도 많습니다.

앞서 배운 내용을 활용하여 나만의 답변을 만들어 보세요.

서론	
본론	
결론	

CHAPTER 5
의견을 묻는 질문

Question

How do you think technological advances changed the way people communicate?
기술의 발전이 사람들의 소통 방식을 어떻게 바꾸었다고 생각하나요?

💬 브레인스토밍

많은 변화 → 디지털 방식으로 의사소통 가능 → 전 세계 사람들과 어디서든 연락 → 직접적인 소통 저하 → 인간관계를 망칠까 우려

💬 필수 패턴

- **A** allow(s) 목적어 to 동사 ~ .
  A는 목적어가 ~하도록 합니다.

  The internet allows people to communicate with each other digitally.
  인터넷은 사람들이 디지털 방식으로 소통할 수 있게 합니다.

- the way 주어 + 동사 ~ · 50점+
  주어가 ~하는 방식

  I believe technological advances have changed and will continue to change the way people communicate in many ways.
  저는 기술의 발전으로 사람들의 소통 방식이 다양한 방식으로 변화되어 왔고, 계속해서 변화될 것이라고 생각합니다.

- 주어 tend(s) (not) to 동사 ~ . · 50점+
  주어는 ~하는(하지 않는) 경향이 있습니다.

  People tend to work harder when they are acknowledged for their work.
  사람들은 일에서 인정받으면 더 열심히 일하는 경향이 있습니다.

  People tend not to interact in person nowadays.
  요즘 사람들은 직접 상호작용하지 않는 경향이 있습니다.

- Compared to _____ , 주어 + 동사 ~ .
  ~와 비교하면, 주어는 ~합니다.

  Compared to the past, people can now contact friends and family around the world at any time and from anywhere.
  과거와 비교하면, 이제 사람들은 전 세계의 친구들과 가족과 언제 어디서든 편하게, 심지어 실시간으로 연락할 수 있습니다.

Q How do you think technological advances changed the way people communicate?

기술의 발전이 사람들의 소통 방식을 어떻게 바꾸었다고 생각하나요?

💬 모범 답변

🔊 **MP3** 5_18

35점⁺

First, the internet allows people to communicate with each other digitally. So, people can now contact friends and families around the world anywhere at any time without trouble. However, people tend not to interact in person nowadays. I'm afraid it might ruin relationships.

첫째로, 인터넷은 사람들이 디지털 방식으로 소통할 수 있게 합니다. 따라서, 이제 사람들은 전 세계의 친구들이나 가족과 언제 어디서든 편하게 연락할 수 있습니다. 그러나, 사람들은 요즘 직접적인 상호작용을 하지 않는 편입니다. 이러한 점이 관계를 망칠 수도 있을 것 같습니다.

필수 패턴 **핵심 내용**

예상 추가 질문 🔊 **MP3** 5_19

Q Do you tend to interact with people only online?
온라인만으로 사람들과 소통하는 편인가요?

Q Which do you prefer, communicate with people face to face, or through online?
사람들과 면대면으로 소통하는 것과 온라인으로 하는 것 중 어느 것을 선호하나요?

🔊 **MP3** 5_20

50점⁺

I believe technological advances have changed and will continue to change the way people communicate in many ways. First, the introduction of the internet has allowed people to interact with each other digitally through technologies such as email and text messaging. Compared to the past, when there was no internet, people can now contact friends and family around the world at any time and from anywhere without trouble, even in real time. On the other hand, with technological advancements, there are fewer people interact in person frequently, which can lead to emotional detachment and possibly ruin relationships.

저는 기술의 발전으로 사람들의 소통 방식이 다양한 방식으로 변화되어 왔고, 계속해서 변화될 것이라고 생각합니다. 첫째로, 인터넷의 도입은 사람들이 이메일이나 문자 메시지와 같은 기술을 통해 디지털 방식으로 소통하는 것을 가능하게 했습니다. 인터넷이 없었던 과거와 비교하면, 이제 사람들은 전 세계의 친구들이나 가족과 언제 어디서든 편하게, 심지어 실시간으로 연락을 할 수 있습니다. 반면에, 기술의 발전으로 직접적인 소통을 자주 하는 사람들이 적어졌는데, 이는 정서적인 무관심으로 이어질 수 있고 관계를 망칠 가능성이 있습니다.

필수 패턴 **핵심 내용**

나만의
답변
만들기

앞서 배운 내용을 활용하여 나만의 답변을 만들어 보세요.

서론	
본론	
결론	

Question

What new technology have you been using daily at work or at home?
직장이나 집에서 매일 사용하는 새로운 기술은 무엇인가요?

💬 브레인스토밍

상황에 상관없이 기술 매일 사용 → 로봇 청소기 사용 → 사용하기 아주 편리 → 외출 전 켜기만 하면 됨 → 바쁜 현대인들에게 필수

💬 필수 패턴

• 주어 + 동사 to 동사 ~ .
주어는 ~하기 위해 ~합니다.

I use it to clean my house.
저는 집을 청소하기 위해 그것을 사용합니다.

• It is (not) 형용사 for 목적어 to 동사 ~ .
목적어가 ~하는 것은 형용사입니다(아닙니다).

It is not easy for old people to get used to the latest technology.
노인들이 최신 기술에 적응하는 것은 쉽지 않습니다.

• What(All) I have to do is just 동사 ~ .
저는 단지 ~하기만 하면 됩니다.

What I have to do is just turn the robot on before I leave my house.
집을 나서기 전에 로봇을 켜기만 하면 됩니다.

• Regardless of   A   , 주어 + 동사 ~ . • 50점+
A와는 상관없이, 주어는 ~합니다.

Regardless of the situation, there are various new technologies that I use on a daily basis.
상황과는 상관없이, 제가 매일 사용하는 새로운 기술은 다양합니다.

• on a daily basis • 50점+
매일

There are various new technologies that I use on a daily basis.
제가 매일 사용하는 새로운 기술은 다양합니다.

Q What new technology have you been using daily at work or at home?

직장이나 집에서 매일 사용하는 새로운 기술은 무엇인가요?

💬 모범 답변

35점⁺ 🔊 MP3 5_22

I use a <u>robot vacuum cleaner</u> every day. I use it to <u>clean</u> my house and it is very <u>convenient to use</u>. What I have to do is just <u>turn</u> the robot <u>on</u> before I leave my house, then it <u>cleans</u> everywhere in my house. It is essential technology for busy people like me.

저는 로봇 청소기를 매일 사용합니다. 집을 청소하는 데 사용하고 매우 편리합니다. 제가 집을 나서기 전에 로봇을 켜기만 하면 집안 곳곳을 청소합니다. 저처럼 바쁜 사람들에게 필수적인 기술입니다.

필수 패턴 **핵심 내용**

예상 추가 질문 🔊 MP3 5_23

Q Do you think the technological advances have made people's life more comfortable?
기술의 발전이 사람들의 삶을 좀 더 편하게 만들었다고 생각하나요?

Q What are some drawbacks to the technology advances?
기술 발전의 단점은 무엇인가요?

50점⁺ 🔊 MP3 5_24

<u>Regardless of</u> the situation, there are various new technologies that I use on a daily basis, and the best one would have to be a <u>robot vacuum cleaner</u>. I mainly use it to <u>clean</u> my house, as you can expect, but the reason why I put it on the top of my list is its <u>usability</u>. All I have to do is just <u>turn</u> the robot <u>on</u> before I leave my house, and then the robot <u>cleans</u> every nook and cranny of the house by itself. It even returns to its charging station after cleaning up. This is definitely a revolutionary and essential technology for busy, modern people like me.

상황과는 상관없이 제가 매일 사용하는 새로운 기술은 다양한데, 그 중 최고는 로봇 청소기일 것입니다. 예상과 같이 주로 집을 청소하기 위해 사용하는데, 로봇 청소기가 가장 중요하다고 생각하는 이유는 편리함 때문입니다. 제가 집을 나서기 전에 로봇을 켜기만 하면, 집안 모든 구석구석을 스스로 청소합니다. 심지어 청소가 끝나면 스스로 충전소로 돌아갑니다. 저처럼 바쁜 현대인들에게 분명히 혁신적이고 필수적인 기술입니다.

필수 패턴 **핵심 내용**

어휘 vacuum 진공, (진공청소기로) 청소하다 convenient 편리한 essential 필수적인 regardless of ~와 상관없이 on a daily basis 매일 usability 유용성, 편리함 every nook and cranny (어떤 장소의) 구석구석, (상황의) 모든 측면 revolutionary 혁신적인

나만의 답변 만들기

앞서 배운 내용을 활용하여 나만의 답변을 만들어 보세요.

서론	

본론	

결론	

UNIT 16 사회, 문화

우리가 속해 있는 사회와 문화에 관련된 질문들이 출제됩니다. 우리 사회의 통념이나 예절, 그리고 우리나라 혹은 우리 사회에 어떠한 문화가 존재하는지 생각해보세요. 과거와 비교했을 때의 달라진 점도 많이 출제됩니다. 관련 어휘 및 표현을 익혀주세요.

💬 문제 예시

- Tell me about table manners in your country.
- If you could introduce traditional Korean food to a foreign friend, where would you go?
- When compared to the past, how have gender roles in the household changed in your country?
- What do you think about the cultural practice of new neighbors sharing their food when they first move in?

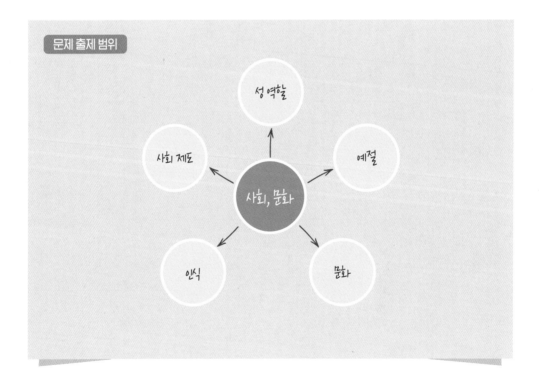

Question

Tell me about table manners in your country.
당신 나라의 식사 예절에 대해 알려주세요.

💬 브레인스토밍

몇 가지 있음 ➡ 가장 어른이 식사 시작할 때까지 기다림 ➡ 한국에서 정말 중요한 예절 ➡ 먹을 때 소리 내는 것 안 좋음 ➡ 음식 먹으며 이야기하는 것 안 좋음

💬 필수 패턴

- **주어 have(has) to 동사원형 ~ .**

  주어는 ~해야 합니다.

  We have to wait until the oldest person at the table starts eating.
  가장 나이가 많은 사람이 식사를 시작할 때까지 기다려야 합니다.

- **주어 don't(doesn't) have to 동사원형 ~ .**

  주어는 ~할 필요가 없습니다.

  Smokers don't have to mind non-smokers.
  흡연자들은 비흡연자들을 신경 쓸 필요가 없습니다.

- **There's a lot to be said for 　A　 .** •50점+

  A에 대해서는 말할 것이 많습니다.

  There's a lot to be said for the death penalty.
  사형에 대해서는 말할 것이 많습니다.

- **　A　 is considered 형용사(명사).** •50점+

  A는 ~로 여겨집니다.

  Not following this etiquette is considered very rude.
  이 예절을 지키지 않는 것은 굉장히 무례한 것으로 여겨집니다.

- **be opposed to 　A　** •50점+

  A와는 대조적입니다.

  As far as I'm concerned, this is opposed to Western culture.
  제 생각에 이것은 서구 문화와 대조적인 것 같습니다.

Q Tell me about table manners in your country.

당신 나라의 식사 예절에 대해 알려주세요.

💬 모범 답변

35점⁺ 　　　　　　　　　　　　　　　　🔊 MP3 5_26

Let me tell you about dining etiquette in my country. First, we have to wait until the oldest person at the table starts eating. This is very important in Korea. Next, making sounds when you eat is bad manners. Lastly, talking with food in your mouth is not good, either.

우리나라의 식사 예절에 대해 말하겠습니다. 첫째로, 가장 나이가 많은 사람이 식사를 시작할 때까지 기다려야 합니다. 한국에서 이것은 매우 중요합니다. 다음으로, 식사할 때 소리를 내는 것은 실례입니다. 마지막으로, 음식을 입에 넣고 말을 하는 것 또한 좋지 않습니다.

필수 패턴 핵심 내용

예상 추가 질문 🔊 MP3 5_27

Q Are there any etiquette or manners in your country that you think are not very necessary?

당신 나라에서 꼭 필요하지는 않다고 생각하는 예의나 예절이 있나요?

50점⁺ 　　　　　　　　　　　　　　　　🔊 MP3 5_28

There's a lot to be said for dining etiquette in my country, but I'd like to tell you a little about it. First of all, it is important to start eating only after the oldest person at the table has done so. Not following this etiquette is considered very rude, and this is taught to young children as well. Next, chewing loudly and talking with food in your mouth are also considered bad dining manners in Korea. As far as I'm concerned, this is opposed to Western culture where people tend to talk a lot while having meals together.

우리나라의 식사 예절에 대해서는 말할 것이 많지만, 조금만 알려드리겠습니다. 첫째로, 식탁에서 가장 나이가 많은 사람이 식사를 시작한 다음에 먹기 시작하는 것이 중요합니다. 이 예절을 따르지 않는 것은 굉장히 무례한 것이며, 어린 아이들에게도 가르치는 것입니다. 다음으로, 음식을 입에 넣고 소리를 내며 먹는 것은 한국에서 실례입니다. 제 생각에 이것은 식사하면서 대화를 많이 나누는 경향이 있는 서구 문화와는 대조적입니다.

필수 패턴 핵심 내용

📘 **어휘** dining etiquette 식사 예절　either (부정문에서) ~도 그렇다　there's a lot to be said for ~에 대해 논해야 할 것이 많다, ~에는 충분한 이유가 있다　consider ~로 여기다, 생각하다　rude 무례한　as far as I'm concerned 개인적으로는, 나로서는　be opposed to ~와는 대조적이다　tend to ~하는 경향이 있다, ~하는 편이다

나만의 답변 만들기

앞서 배운 내용을 활용하여 나만의 답변을 만들어 보세요.

서론	

본론	

결론	

When compared to the past, have gender roles in the household changed much in your country? How have they changed?

과거와 비교했을 때, 당신의 나라에서는 가정의 성 역할에 변화가 있나요? 어떻게 바뀌었나요?

💬 **브레인스토밍**

많이 변함 ➡ 과거, 여자들은 집에서 가족을 돌봄 ➡ 남자만 밖에서 일함 ➡ 현재, 여자도 밖에서 일하고 남자도 집안일 함 ➡ 남자들은 가족들과 더 가까워짐

💬 **필수 패턴**

- **In the past, 주어 + 동사(과거형).**

  과거에는, 주어가 ~했습니다.

  In the past, women stayed at home.

  과거에 여성은 집에 머물렀습니다.

- **rather than　A**

  A 보다는

  Women stay at home and support their family rather than working outside.

  여성은 외부에서 일을 하기보다는 집에 머무르면서 가족들을 돕습니다.

- **Over the past(last) 기간,　A　have(has) p.p ~ .**

  지난 ~동안, A는 ~해왔습니다.

  Over the past few decades, gender roles in the household have changed so much in Korea.

  지난 수십 년간 한국에서는 가정의 성 역할에 많은 변화가 있었습니다.

- **Up until 기간 ago, 주어 had p.p ~ .** ⬅ 50점+

  불과 ~전까지만 하더라도, 주어는 ~했습니다.

  Up until only a couple of decades ago, it had been considered better that women stay at home.

  불과 2~30년 전까지만 하더라도, 여성은 집에 머물러 있는 것을 미덕으로 여겨졌습니다.

Q When compared to the past, have gender roles in the household changed much in your country? How have they changed?

과거와 비교했을 때, 당신의 나라에서는 가정의 성 역할에 변화가 있나요? 어떻게 바뀌었나요?

💬 모범 답변

35점+ 🔊 MP3 5_30

In the past, women stayed at home and supported their family rather than working outside. Men only worked to support their family. Now, most women work, and men and women do the household chores together. So, men are now closer with their family members.

과거에 여성은 외부에서 일을 하기보다는 집에 머무르면서 가족들을 돌봤습니다. 남성만 가족들을 위해 일을 했습니다. 지금은 대부분의 여성이 일을 하고 남성과 여성이 함께 집안일을 합니다. 그래서 이제 남성은 그들의 가족과 가까워졌습니다.

필수 패턴 **핵심 내용**

예상 추가 질문 🔊 MP3 5_31

Q Gender roles in our society have changed in many ways. What's your opinion on this?

우리 사회에서 성 역할은 다양한 방식으로 변화되어왔습니다. 이에 대한 당신의 의견은 무엇인가요?

50점+ 🔊 MP3 5_32

Over the past few decades, gender roles in the household have changed so much in Korea. Up until only a couple of decades ago, it had been considered better that women stay at home and support their family rather than working outside, while men were considered the sole breadwinner. Now, more and more women are in the workforce and house chores are divided equally between men and women. Therefore, men are now less authoritative and this has led them to maintain closer relationships with their family members.

지난 수십 년간 한국에서는 가정의 성 역할에 많은 변화가 있었습니다. 불과 2~30년 전 까지만 하더라도, 남성은 유일한 가장으로 간주된 반면, 여성은 외부에서 일하기보다는 집에 머무르며 가족을 돌보는 것이 더 낫다고 여겨졌습니다. 지금은 점점 더 많은 여성이 직장 생활을 하고 있으며, 집안일은 남성과 여성이 동등하게 나눠서 합니다. 따라서 이제 남성은 덜 권위적이며, 그들은 가족 구성원들과 친밀한 관계를 유지할 수 있게 되었습니다.

필수 패턴 **핵심 내용**

📖 **어휘** support 지원하다 rather than ~보다는 over the past few decades 지난 수십 년간 gender role 성 역할 up until ~까지는 sole 유일한, 단독의 breadwinner 가장 authoritative 권위적인 maintain 유지하다

앞서 배운 내용을 활용하여 나만의 답변을 만들어 보세요.

서론	
본론	
결론	

Question

Tell me about your opinion on the culture of new neighbors sharing their food when they first move in.

새 이웃들이 이사 온 첫 날 음식을 공유하는 문화에 대한 당신의 의견을 말해주세요.

💬 브레인스토밍

오래된 한국의 전통 ➡ 그 문화에 대해 좋은 기억이 있음 ➡ 요즘은 많이 없어짐 ➡ 처음 보는 사람들과 친해질 좋은 기회 ➡ 이런 전통은 계속 되어야 함

💬 필수 패턴

- **장소명사 where 주어 + 동사 ~**

  주어가 ~하는 곳

  I also grew up in a neighborhood where new neighbors shared their food.
  저도 새 이웃들이 음식을 공유하는 동네에서 자랐습니다.

- **Even though 주어 + 동사, 주어 + 동사 ~ .**

  비록 주어는 ~하긴 하지만, 주어는 ~합니다.

  Even though it costs a lot of money, I'd still prefer to study abroad.
  돈이 많이 든다고 하더라도, 저는 여전히 해외 유학을 선호합니다.

- **A is one of the best ways to 동사 ~ .**

  A는 ~하는 가장 좋은 방법 중 하나입니다.

  Sharing food is one of the best ways to say hello to new neighbors for the first time.
  음식을 공유하는 것은 새 이웃들에게 처음 인사하는 가장 좋은 방법 중 하나입니다.

- **for the first time**

  처음으로

  It is one of the best ways to say hello to new neighbors for the first time.
  그것은 새 이웃들에게 처음 인사하는 가장 좋은 방법 중 하나입니다.

- **It is common for 목적어 to 동사 ~ .**

  목적어가 ~하는 것은 일반적인 일입니다.

  It is common for Koreans to share their food.
  한국인들에게 음식을 공유하는 것은 흔한 일입니다.

Q Tell me about your opinion on the culture of new neighbors sharing their food when they first move in.

새 이웃들이 이사 온 첫 날 음식을 공유하는 문화에 대한 당신의 의견을 말해주세요.

💬 **모범 답변**

35점+ 🔊 MP3 5_34

I also grew up in a neighborhood where new neighbors shared their food. I still have good memories about the culture. Even though we don't do it that much these days, I guess it is one of the best ways to say hello to new neighbors for the first time. This tradition should continue.

저도 새 이웃들이 음식을 공유하는 동네에서 자랐습니다. 저는 여전히 그 문화에 대한 좋은 기억을 갖고 있습니다. 요즘은 그렇게 하지 않는 추세지만, 저는 이것이 새 이웃들에게 처음 인사하는 가장 좋은 방법 중 하나라고 생각합니다. 이 전통은 계속되어야 합니다.

필수 패턴 **핵심 내용**

예상 추가 질문 🔊 MP3 5_35

Q Can you please tell us about some of your country's unique cultures that foreigners should be aware of before visiting your country for the first time?

외국인들이 처음으로 당신 나라에 방문하기 전에 알아 둬야 할 독특한 문화에 대해 이야기해주겠어요?

50점+ 🔊 MP3 5_36

In Korea, the culture of sharing food has been the practice since long ago. I also grew up in a neighborhood where it was common for new neighbors to share their food, and I still have good memories about the culture. Although it is less common nowadays, it still is a great way for newcomers to greet their neighbors for the first time and to start building emotional attachments. I personally believe that this culture must be brought back because people these days are so private and isolated.

한국에는 아주 오래전부터 음식을 나누는 전통이 있습니다. 새 이웃들이 음식을 공유하는 것이 당연했던 동네에서 저는 자랐고, 여전히 그 문화에 대해 좋은 기억을 갖고 있습니다. 요즘은 많이 없어졌지만, 이 전통은 새로 이사를 온 사람들이 이웃들에게 처음 인사하고 정서적인 신뢰를 형성하는 데 여전히 좋은 방법입니다. 개인적으로 저는 이 문화가 다시 돌아와야 한다고 생각하는데, 이는 요즘 사람들이 매우 개인적이고 고립되었기 때문입니다.

필수 패턴 **핵심 내용**

📝 **어휘** share 공유하다 tradition 전통 continue 이어지다 practice 관행, 관례 although ~이긴 하지만
attachment 신뢰, 지지 bring back 되살리다, ~을 다시 도입하다 private 개인적인 isolated 고립된

앞서 배운 내용을 활용하여 나만의 답변을 만들어 보세요.

서론	
본론	
결론	

UNIT 17 법, 환경 정책

현재 우리 사회에 존재하는 정책 및 법과 관련하여 개선하고 싶은 점이 있는지, 혹은 환경과 관련된 정책들은 무엇이 있는지 생각해 보세요. 환경에 관한 문제는 환경을 보호하는 나만의 방법 등을 관련 어휘 및 표현을 익혀 생각해 주세요.

💬 문제 예시

- The government has made it illegal to smoke in most public areas. What do you think?
- What do you think of people smoking in public places?
- How have technological advances affected our environment?
- What is your own way of preserving our environment?
- Which law do you think should have stricter enforcement?
- If you could change any law in your country, what would it be?

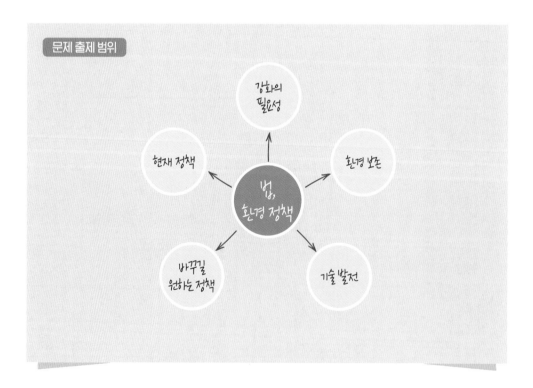

The government has made it illegal to smoke in most public areas. Tell me about your opinion on this matter.

정부는 대부분의 공공장소에서 흡연하는 것을 불법으로 규정했습니다. 이 문제에 대한 당신의 의견을 말해주세요.

💬 **브레인스토밍**

좋은 생각 → 비흡연자들은 간접흡연 하지 않아도 됨 → 공중위생에 좋음 → 흡연자에게도 도움됨 → 지정 흡연 구역에서 쉽게 흡연

💬 **필수 패턴**

- **동사ing is a good(bad) idea.**

  ~하는 것은 좋은(나쁜) 생각입니다.

  Banning smoking in public places is a good idea.

  공공 장소에서 흡연을 금지하는 것은 좋은 생각입니다.

- **동사ing is 형용사 ~ .**

  ~하는 것은 형용사합니다.

  Studying abroad is helpful in many ways.

  해외 유학은 여러모로 유용합니다.

- **Regardless of whether 주어 + 동사 or not,** ＿＿＿＿＿ .   ·50점+

  주어가 ~하는 여부와 상관없이, ~입니다.

  Regardless of whether I smoke or not, I believe making it illegal to smoke in public places has brought numerous positive outcomes for everyone.

  제가 흡연하는 여부와 상관없이, 저는 공공장소에서의 흡연을 불법화하는 것은 모두에게 많은 긍정적인 결과를 가져왔다고 생각합니다.

- **주어 no longer 동사 ~ .**   ·50점+

  주어는 더 이상 ~하지 않습니다.

  Non-smokers no longer suffer from secondhand smoke in public places.

  비흡연자들은 더 이상 공공장소에서 간접흡연으로 피해를 입지 않습니다.

- **Like it or not, 주어 + 동사 ~.**   ·50점+

  선호 여부와 상관없이, 주어는 ~합니다.

  They should endure the smoke smell, like it or not.

  그들은 좋든지 싫든지 상관없이 담배 냄새를 견뎌야만 했습니다.

Q The government has made it illegal to smoke in most public areas. Tell me about your opinion on this matter.

정부는 대부분의 공공장소에서 흡연하는 것을 불법으로 규정했습니다. 이 문제에 대한 당신의 의견을 말해주세요.

💬 모범 답변

35점⁺ 🔊 MP3 5_38

Banning smoking in public places is a good idea. First, non-smokers don't have to suffer from secondhand smoke anymore. It's good for public health. Second, the law is good for smokers, too. That's because smokers can smoke freely in smoking areas.

공공장소에서의 흡연을 금지하는 것은 좋은 생각입니다. 첫째로, 비흡연자들이 더 이상 간접흡연으로 피해를 입을 필요가 없습니다. 공공 보건에도 좋습니다. 둘째로, 흡연자들에게도 좋은 법입니다. 흡연 구역에서 자유롭게 흡연할 수 있기 때문입니다.

필수 패턴 **핵심 내용**

예상 추가 질문 🔊 MP3 5_39

Q Do you smoke? If so, why? If not, why not?
흡연을 하나요? 만약 그렇다면, 그 이유는 무엇인가요? 그렇지 않다면, 그 이유는 무엇인가요?

Q What do you think of people smoking in public places?
공공장소에서 흡연하는 것에 대해 어떻게 생각하나요?

50점⁺ 🔊 MP3 5_40

Regardless of whether I smoke or not, I believe making it illegal to smoke in public places has brought numerous positive outcomes for everyone. First, non-smokers no longer suffer from secondhand smoke in public places, and this is beneficial for public health. Before the law was put into effect, non-smokers had to endure the smoke smell whether they liked it or not because smokers had the right to smoke wherever they wanted. On the one hand, the law is somewhat beneficial for smokers as well because there are now more designated smoking areas and smokers can smoke freely in those areas without bothering non-smokers.

제가 흡연하는 여부와 상관없이, 저는 공공장소에서의 흡연을 불법화하는 것이 모두에게 많은 긍정적인 결과를 가져왔다고 생각합니다. 첫째로, 비흡연자들은 더 이상 공공장소에서 간접흡연으로 피해를 입을 필요가 없는데, 이는 공공 보건에 유익합니다. 법률이 시행되기 전에는, 흡연자들에게 원하는 곳 어디서든 담배를 피울 권리가 있었기 때문에 선호 여부와 상관없이 비흡연자들은 담배 냄새를 견뎌야만 했습니다. 한편으로는 이 법률이 흡연자들에게도 다소 유익한데, 이제 흡연자들은 더 많은 지정 흡연구역에서 비흡연자들을 신경쓰이게 하지 않고도 자유롭게 담배를 피울 수 있기 때문입니다.

필수 패턴 **핵심 내용**

앞서 배운 내용을 활용하여 나만의 답변을 만들어 보세요.

서론	
본론	
결론	

Question

How have technological advancements affected our environment? Tell me about the best way to save our environment.
기술의 발전은 환경에 어떤 영향을 주었나요? 환경을 보호할 가장 좋은 방법에 대해 말해주세요.

💬 **브레인스토밍**

과학기술과 환경훼손은 밀접한 관계 ➡ 사람들은 환경과 에너지를 보존해야함 ➡ 재활용이 좋은 방법 ➡ 쓰레기가 줄어들 것임 ➡ 재활용 습관화

💬 **필수 패턴**

- There is a close relationship between　A　and　B　.
  A와 B 사이에는 밀접한 관계가 있습니다.

  I believe there is a close relationship between environmental damage and technological advancements.
  저는 환경 파괴와 기술의 발전에 밀접한 관계가 있다고 생각합니다.

- In my opinion, 주어 + 동사 ~ .
  제 생각에는, 주어가 ~합니다.

  In my opinion, recycling is the best way to save our planet.
  제 생각에는, 재활용이 지구를 지키는 가장 좋은 방법입니다.

- It is scientifically proven that 주어 + 동사 ~ .　•50점+
  주어가 ~하다는 것이 과학적으로 입증되었습니다.

  It is scientifically proven that there is a close relationship between environmental damage and technological advancements.
  환경 파괴와 기술의 발전에 밀접한 관계가 있다는 것이 과학적으로 입증되었습니다.

- 　A　have(has been) 동사ing since 시점 ~ .　•50점+
  A는 시점부터 ~해왔습니다.

  Since the first industrial revolution in the 1700s, our environment has been suffering from air pollution.
  1700년대의 1차 산업혁명부터, 환경은 대기오염과 천연자원의 고갈로 고통받고 있습니다.

- 　A　reduce(increase) the amount of 명사 ~ .　•50점+
  A는 ~의 양을 줄입니다(늘립니다).

  Recycling can reduce the amount of waste and has a significant impact on our planet.
  재활용은 쓰레기의 양을 줄일 수 있어서 지구에 큰 영향을 줄 수 있습니다.

Q How have technological advancements affected our environment? Tell me about the best way to save our environment.

기술의 발전은 환경에 어떤 영향을 주었나요? 환경을 보호할 가장 좋은 방법에 대해 말해주세요.

💬 모범 답변

35점⁺   🔊 MP3 5_42

I believe there is a close relationship between environmental damage and technological advancements. So, people have to save the environment and reduce energy use. In my opinion, recycling is the best way to save our planet. That's because there will be less waste. People must make recycling their daily habit to save our environment.

저는 환경 파괴와 기술의 발전에는 밀접한 관련이 있다고 생각합니다. 따라서, 사람들은 환경을 보호하고 에너지 사용을 줄여야 합니다. 제 생각에는, 재활용이 지구를 지키는 가장 좋은 방법입니다. 쓰레기가 줄어들 것이기 때문입니다. 사람들은 환경을 보호하기 위해 재활용을 습관화해야 합니다.

필수 패턴 **핵심 내용**

예상 추가질문 🔊 MP3 5_43

Q What is your own way of preserving our environment?
환경을 보호하는 당신만의 방법은 무엇인가요?

Q What do you do to reduce energy use?
에너지 사용을 줄이기 위해 무엇을 하나요?

50점⁺   🔊 MP3 5_44

It is scientifically proven that there is a close relationship between environmental damage and technological advancements. Since the first industrial revolution in the 1700s, our environment has been suffering from air pollution and the depletion of natural resources. Therefore, people need to take action to preserve our environment and save energy. In my opinion, the best way to save our planet is by recycling because it can reduce the amount of waste and have a significant impact on our planet. People must adopt recycling as an everyday habit to save our environment.

환경 파괴와 기술의 발전에 밀접한 관련이 있다는 것은 과학적으로 입증된 바 있습니다. 1700년대의 1차 산업혁명부터, 환경은 대기오염과 천연자원의 고갈로 고통받고 있습니다. 따라서, 사람들은 환경을 보호하고 에너지를 절약하기 위해 조치를 취할 필요가 있습니다. 제 생각에 지구를 지킬 최고의 방법은 재활용인데, 쓰레기의 양을 줄여 지구에 의미 있는 영향을 줄 수 있기 때문입니다. 사람들은 환경을 보호하기 위해 재활용을 습관화해야 합니다.

필수 패턴 **핵심 내용**

나만의 답변 만들기

앞서 배운 내용을 활용하여 나만의 답변을 만들어 보세요.

서론	
본론	
결론	

Question

Which law do you think should have stricter enforcement?
어떤 법이 더 엄격하게 시행되어야 한다고 생각하나요?

💬 브레인스토밍

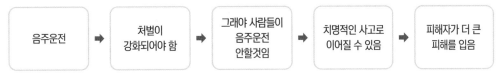

| 음주운전 | ➡ | 처벌이 강화되어야 함 | ➡ | 그래야 사람들이 음주운전 안할것임 | ➡ | 치명적인 사고로 이어질 수 있음 | ➡ | 피해자가 더 큰 피해를 입음 |

💬 필수 패턴

- **A** **can cause** **B** .
  A는 B의 원인이 될 수 있습니다.

  Drunk driving can cause fatal car accidents.
  음주운전은 치명적인 교통사고의 원인이 될 수 있습니다.

- **A** **is directly related to** **B** .
  A는 B에 직결됩니다.

  Drunk driving is directly related to life-death matter.
  음주운전은 생사와 직결된 문제입니다.

- 주어 + 동사 ~ **so that** 주어 + 동사 ~ . ‹• 50점+›
  주어가 ~하도록 주어는 ~합니다.

  I believe the penalty should be higher so that people don't dare to drive after drinking alcohol.
  저는 처벌이 더 강화되어야 사람들이 술을 마신 후에 운전하지 못할 것이라고 생각합니다.

- 주어 **(don't/doesn't) dare to** 동사 ~ . ‹• 50점+›
  주어는 마음대로 ~하면 안 됩니다.

  People don't dare to criticize.
  사람들은 마음대로 비판하면 안 됩니다.

Q Which law do you think should have stricter enforcement?
어떤 법이 더 엄격하게 시행되어야 한다고 생각하나요?

💬 모범 답변

35점+

🔊 MP3 5_46

I think it's drunk driving laws. I believe the penalty should be stronger so people don't drive after drinking alcohol. Second, drunk driving can cause fatal car accidents. It's directly related to a life and death matter.

저는 음주운전 관련 법이 엄격하게 시행되어야 한다고 생각합니다. 사람들이 술을 마신 후에 운전을 하지 않도록 처벌이 강화되어야한다고 생각합니다. 둘째로, 음주운전은 치명적인 교통사고의 원인이 될 수 있습니다. 이는 생사와 직결된 문제입니다.

필수 패턴 핵심 내용

50점+

🔊 MP3 5_47

Tougher drunk driving laws should be enforced for many reasons. Under the current law, the maximum penalty for impaired driving is up to five years of imprisonment and/or 20 million won in fines. However, I believe the penalty should be higher so that people don't dare to drive after drinking alcohol. Drunk driving can lead to car accidents which can be fatal, and the worst part is that it does more damage to the victims than to the driver. Therefore, drunk driving laws should be more strongly enforced for the sake of public safety.

음주운전을 엄중히 처벌하는 법은 여러 이유로 시행되어야 합니다. 현행법에 따르면 음주운전의 최고 처벌은 5년까지의 징역 또는 2천만 원의 벌금입니다. 그러나, 저는 사람들이 술을 마신 후에 운전을 하지 못하도록 처벌이 더 강화되어야 한다고 생각합니다. 음주운전은 치명적인 교통사고로 이어질 수 있고, 가장 최악인 것은 운전자보다 피해자가 더 큰 피해를 입는다는 것입니다. 따라서, 음주운전 법률은 공공 안전을 위해 더욱 엄격하게 시행되어야 합니다.

필수 패턴 핵심 내용

📖 **어휘** drunk driving 음주 운전 penalty 처벌 fatal 치명적인 accident 사고 related to ~와 관련된 matter 문제 tough 엄한, 냉정한 enforce (법률 등을) 시행하다, 실시하다 impaired driving 음주 운전 up to ~까지 imprisonment 징역 fine 벌금 dare to ~할 엄두를 내다, 과감히 ~하다 damage 피해 victim 피해자, 희생자 for the sake of ~을 위해서

🔧 송쌤의 꿀팁

▶ Fatal 은 생명의 위협을 가할만한 치명적인 이라는 뜻을 가진 단어입니다. 보통 사고와 함께 많이 사용되며, 발음의 유의해주셔야 해요! F 발음 유의해주시며 [페이-럴] 입니다!

앞서 배운 내용을 활용하여 나만의 답변을 만들어 보세요.

서론	

본론	

결론	

UNIT 18 선호도

둘 중 어느 것을 더 선호하는지에 대한 선호도를 묻는 간단해 보이는 문제이지만, 출제될 수 있는 주제는 광범위합니다. 또한, 선호도에 따른 뒷받침될 수 있는 근거가 반드시 필요합니다. 따라서, 선호도를 묻는 질문에 활용 수 있는 나만의 패턴 및 표현을 반드시 익혀주세요.

💬 문제 예시

- Which do you prefer, sharing feedback directly or indirectly?
- Would you rather use cash or credit cards?
- Have you ever lost your credit card? How did you handle it?
- Tell me about your preference between family life and single life.

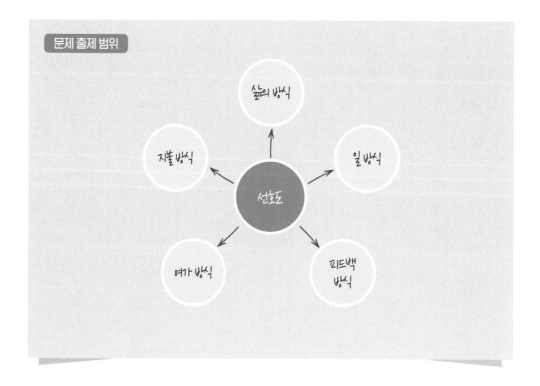

문제 출제 범위

삶의 방식 / 일 방식 / 피드백 방식 / 여가 방식 / 지불 방식 / 선호도

In terms of sharing feedback, some people do it directly, while others are indirect. Please tell me about your preference between the two.

피드백을 공유할 때, 어떤 사람들은 직접적으로 하는 반면 어떤 사람들은 간접적으로 합니다. 이 두 가지 중에서 당신이 선호하는 것에 대해 말해주세요.

💬 **브레인스토밍**

직접적인 피드백 선호 ➡ 더 분명함 ➡ 상대방이 더 잘 알아들음 ➡ 시간 낭비 없음 - 정확히 이해 ➡ 일이 더 빨라지고 결과가 좋음

💬 **필수 패턴**

- **주어 + 동사 better ~ .**

  주어는 더 잘 ~할 수 있습니다.

  The listener will understand the meaning better.

  청자가 의미를 더 잘 이해할 것입니다.

- ** A   have(has) a hard time 동사ing ~ .** ◀ 50점+

  A는 ~하는 데 어려움을 겪습니다.

  Listeners will not have a hard time understanding what you really mean.

  청자들은 진의를 이해하는 데 어려움을 겪지 않을 것입니다.

- **what 주어 + 동사 ~**

  주어가 ~하는 무엇

  I don't know what you mean.

  무슨 뜻인지 모르겠습니다.

- **That way, 주어 + 동사 ~ .**

  그런 식으로 (하면), 주어는 ~합니다.

  That way, things can be done more quickly.

  그런 식으로, 일은 더 빠르게 처리될 수 있습니다.

- ** A   might 동사원형 ~ .**

  A는 ~할 수도 있습니다.

  It might hurt other's feelings.

  다른 사람의 감정을 상하게 할 수도 있습니다.

Q In terms of sharing feedback, some people do it directly, while others are indirect. Please tell me about your preference between the two.

피드백을 공유할 때, 어떤 사람들은 직접적으로 하는 반면 어떤 사람들은 간접적으로 합니다. 이 두 가지 중에서 당신이 선호하는 것에 대해 말해주세요.

💬 모범 답변

35점+

🔊 MP3 5_49

I prefer to share my feedback directly. First, direct feedback is clearer and the listener will understand the meaning better. So, it can save time because the listener can get the point exactly. Therefore, things can be done faster and the outcome can be better.

저는 피드백을 직접적으로 공유하는 것을 선호합니다. 첫째로, 직접적인 피드백은 명확해서 청자가 의미를 더 잘 이해할 것입니다. 따라서, 시간을 절약할 수 있는데, 이는 청자가 요점을 정확하게 이해할 수 있기 때문입니다. 그러므로, 많은 일을 빠르게 할 수 있고 더 나은 결과도 얻을 수 있습니다.

필수 패턴 **핵심 내용**

추가 문장

• I'm straightforward.
  저는 직선적인 사람입니다.

• I don't like beating around the bush.
  저는 빙빙 돌려 말하는 것을 좋아하지 않습니다.

50점+

🔊 MP3 5_50

I prefer to give or receive direct feedback for a couple of reasons. First, if you give direct feedback, the message will be clear and the listener will not have a hard time understanding what you really mean. What I mean is that direct feedback saves time because the listener does not have to waste his or her time in trying to find out the real meaning of the feedback, and gets to the point very quickly. That way, things can be done more quickly and more time can be spent on improving the outcome. However, we should be very careful when we give direct feedback because it might hurt the listener's feelings.

저는 몇 가지 이유로 직접적인 피드백을 주고받는 것을 선호합니다. 첫째로, 피드백을 직접적으로 주면, 전하고자 하는 바가 명확해서 청자가 진의를 이해하는 데 어려움을 겪지 않을 것입니다. 제가 의미하는 것은 직접적인 피드백은 청자가 피드백의 진의를 알아내려고 노력하는 데 시간을 허비하지 않아도 되기 때문에 시간을 절약하고, 매우 빠르게 본론을 전달한다는 점입니다. 그러면 일은 더 빠르게 완료될 수 있고 더 나은 결과를 위해 시간을 더 투자할 수 있습니다. 그러나, 피드백을 직접적으로 줄 때는 정말 주의해야 하는데, 청자의 감정을 상하게 할 수도 있기 때문입니다.

필수 패턴 **핵심 내용**

앞서 배운 내용을 활용하여 나만의 답변을 만들어 보세요.

서론	
본론	
결론	

Would you rather use cash or credit cards?
현금과 신용카드 중 어느 것을 사용하겠어요?

💬 브레인스토밍

신용카드 선호 ➡ 갖고 다니기 쉬움 ➡ 휴대폰 앱으로 지불 가능 ➡ 더 안전함 ➡ 분실 시 신고하면 아무도 못씀

💬 필수 패턴

- **명사 1 called 명사 2**
  명사 2라고 하는 명사 1

  There's an application called Samsung Pay.
  삼성 페이라는 애플리케이션이 있습니다.

- **Even if 주어 + 동사, ~ .**
  주어가 ~하더라도, ~입니다.

  Even if I lose my card, no one can use that card.
  제가 카드를 잃어버리더라도, 아무도 그 카드를 사용할 수 없습니다.

- **way 형용사 비교급(too 형용사) ~** ·50점+
  훨씬 ~한

  Using credit cards is way better when it comes to portability.
  신용카드를 사용하는 것은 휴대성에 있어 훨씬 좋습니다.

- **When it comes to ＿＿＿ , ~ .** ·50점+
  ~에 관해서는, ~입니다.

  When it comes to studying abroad, there are more advantages than disadvantages.
  해외 유학에 있어서는, 단점보다 장점이 더 많습니다.

- **＿A＿ prevent(s) ＿B＿ from 동사ing ~ .** ·50점+
  A는 B가 ~하는 것을 막습니다.

  If you report your loss to the credit card company, it prevents others from using that card.
  신용카드사에 분실신고를 하면, 다른 사람이 그 카드를 사용하는 것을 막아줍니다.

Q Would you rather use cash or credit cards?
현금과 신용카드 중 어느 것을 사용하겠어요?

💬 **모범 답변**

I like using credit cards. First, they are easy to carry around. Also, there's an application called Samsung Pay, so I can use my phone when I pay for something. Second, credit cards are safer. Even if I lose one, no one can use that card if I report my loss.

저는 신용카드를 사용하는 것이 좋습니다. 첫째로, 신용카드는 들고 다니기에 편리합니다. 또한, 삼성 페이라는 애플리케이션이 있어서 무언가를 위해 지불할 때 휴대폰을 사용할 수 있습니다. 둘째로, 신용카드는 더 안전합니다. 제가 카드를 잃어버린다고 하더라도, 분실신고를 하면 아무도 그 카드를 사용할 수 없습니다.

필수 패턴 **핵심 내용**

예상 추가질문 🔊 MP3 5_53

Q Have you ever lost your card? How did you handle it?
카드를 잃어버린 적이 있나요? 어떻게 해결했나요?

Q What are some advantages of using cash instead of cards?
카드 대신 현금을 사용하는 것의 장점은 무엇인가요?

🔊 MP3 5_54

50점+

I prefer to use credit cards for a couple of reasons. First, using credit cards is way better when it comes to portability. What I mean is that I don't have to carry a load of cash all the time. Also, as technology advances, I can register my credit cards into my phone by using applications like Samsung Pay. This way, all I need is my phone when I have to pay for something. Next, credit cards are safer because if you lose them, you can report your loss to the credit card company and prevent others from using that card. And, you can always get a replacement if you don't find them.

저는 몇 가지 이유로 신용카드를 사용하는 것을 선호합니다. 첫째로, 신용카드를 사용하는 것은 휴대성에 있어 훨씬 낫습니다. 제가 의미하는 것은 항상 많은 현금을 들고 다닐 필요가 없다는 뜻입니다. 또한, 기술이 발전함에 따라 삼성 페이와 같은 애플리케이션을 사용하여 신용카드를 휴대폰에 등록할 수 있습니다. 이렇게 하면, 무언가를 위해 지불할 때 휴대폰만 있으면 됩니다. 다음으로, 신용카드는 잃어버려도 신용카드사에 분실신고를 하고 다른 사람들이 사용하지 못하게 막을 수 있기 때문에 더 안전합니다. 또한, 찾지 못한다고 해도 항상 새 카드를 발급받을 수 있습니다.

필수 패턴 **핵심 내용**

📘 **어휘** carry around 들고 다니다 pay for 대금을 지불하다 report 신고하다, 알리다 way better 훨씬 더 나은
when it comes to ~에 관해서는 portability 휴대성

CHAPTER 5 의견을 묻는 질문 189

나만의 답변 만들기

앞서 배운 내용을 활용하여 나만의 답변을 만들어 보세요.

서론	
본론	
결론	

Tell me about your preference between family life and single life.
가족과 함께 사는 것과 혼자 사는 것 중에서 당신이 선호하는 것에 대해 말해주세요.

💬 브레인스토밍

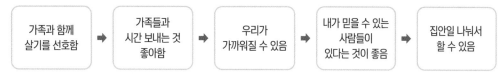

가족과 함께 살기를 선호함 ➡ 가족들과 시간 보내는 것 좋아함 ➡ 우리가 가까워질 수 있음 ➡ 내가 믿을 수 있는 사람들이 있다는 것이 좋음 ➡ 집안일 나눠서 할 수 있음

💬 필수 패턴

- **I prefer to 동사 ~ .**
  저는 ~하는 것을 선호합니다.

  I prefer to live a family life for a couple of reasons.
  저는 몇 가지 이유로 가족과 함께 사는 것을 선호합니다.

- **I like(love) 동사ing (to동사).**
  저는 ~하는 것을 좋아합니다.

  I love spending a lot of time with my family members.
  저는 가족과 함께 많은 시간을 보내는 것을 좋아합니다.

- **A make(s) 목적어 + 동사원형 ~ .**
  A는 목적어가 ~하도록 만들어줍니다.

  Spending time with my family makes us get closer.
  가족과 시간을 보내는 것은 우리가 더 친해지게 합니다.

- **사람 who 동사 ~**
  ~하는 사람

  I like the feeling that I have people who I can rely on.
  저는 의지할 수 있는 사람들이 있다는 느낌을 좋아합니다.

- **Last but not least, 주어 + 동사 ~ .** • 50점+
  마지막으로(마지막이지만 중요한 것은), 주어가 ~하다는 것입니다.

  Last but not least, household chores can be divided among family members.
  마지막으로, 집안일을 가족 구성원들과 나눠서 할 수 있습니다.

Q Tell me about your preference between family life and single life.
가족과 함께 사는 것과 혼자 사는 것 중에서 당신이 선호하는 것에 대해 말해주세요.

💬 **모범 답변**

35점+

🔊 MP3 5_56

I prefer to live a family life for a couple of reasons. First, I love spending a lot of time with my family members because it makes us get closer. Second, I like the feeling that I have people who I can rely on. Lastly, I can share housework with my family members.

저는 몇 가지 이유로 가족과 함께 사는 것을 선호합니다. 첫째로, 저는 가족과 함께 많은 시간을 보내는 것을 좋아하는데, 이는 우리가 가까워질 수 있기 때문입니다. 둘째로, 저는 제가 의지할 수 있는 사람들이 있다는 느낌을 좋아합니다. 마지막으로, 가족 구성원들과 집안일을 나눠서 할 수 있습니다.

필수 패턴 **핵심 내용**

예상 추가 질문 🔊 MP3 5_57

Q Do you live alone or with your family? What are pros and cons of it?
혼자 사나요, 아니면 가족과 함께 사나요? 그것의 찬성과 반대 의견은 무엇인가요?

50점+

🔊 MP3 5_58

There are many differences between family life and single life, and let me tell you the differences by explaining what I prefer. For me, I prefer to live a family life for a couple of reasons. First, I love spending a lot of time doing things together with my family members because this helps create a sense of belonging among family members. Also, it is always nice to know that you have people to trust and rely on. Last but not least, household chores can be divided among family members and this can put less burden on everyone.

가족과 함께 사는 것과 혼자 사는 것에는 차이점이 많은데, 제가 선호하는 것을 설명하면서 차이점에 대해 알려드리겠습니다. 저는 몇 가지 이유로 가족과 함께 사는 것을 선호합니다. 첫째로, 저는 가족과 함께 많은 시간을 보내는 것을 좋아하는데, 가족 구성원 간에 소속감을 기르는 데 도움이 되기 때문입니다. 또한, 신뢰하고 의지할 사람들이 있다는 것을 아는 것은 항상 좋습니다. 마지막으로, 집안일을 나눠서 할 수 있는데, 이로써 모두가 부담을 덜 수 있습니다.

필수 패턴 **핵심 내용**

📘 **어휘** spend time -ing ~하면서 시간을 보내다 rely on (~를) 의지하다 share A with B A를 B와 나누다 create (어떤 느낌이나 인상을) 자아내다, 불러일으키다 a sense of belonging 소속감, 일체감 last but not least 마지막이지만 중요한 것은, 마지막으로 put less burden 부담을 덜다

나만의 답변 만들기

앞서 배운 내용을 활용하여 나만의 답변을 만들어 보세요.

서론	
본론	
결론	

UNIT 19 찬성, 반대/장단점

찬성, 반대 혹은 장단점을 묻는 문제가 출제됩니다. 조기 유학의 필요성, 재택 근무 혹은 탄력 근무제와 같이 찬/반 논란이 많은 주제들이 주로 출제가 되니, 이러한 주제들에 대한 아이디어를 미리 생각해 놓고, 관련 어휘 및 표현을 익혀주세요.

💬 문제 예시

- What are the advantages and disadvantages of studying abroad?
- What are some pros and cons of working from home?
- Tell me about the advantages and disadvantages of taking online courses.

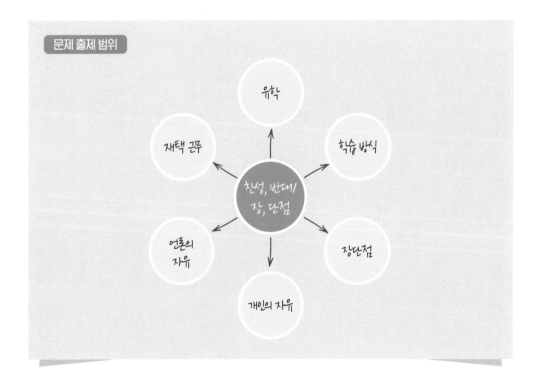

문제 출제 범위

유학 / 학습 방식 / 찬성, 반대/장, 단점 / 장단점 / 개인의 자유 / 언론의 자유 / 재택 근무

Question

What are the advantages and disadvantages of studying abroad?
해외 유학의 장단점은 무엇인가요?

💬 브레인스토밍

| 장점, 문화와 언어를 같이 배울 수 있음 | ➡ | 문화와 언어의 밀접한 관계 | ➡ | 단점, 돈이 비쌈 | ➡ | 엄청난 돈이 듦 | ➡ | 외로움과 향수병이 생길 수 있음 |

💬 필수 패턴

- One of the (dis)advantages of ⬚ A ⬚ is ~ .
  A의 장(단)점 중 하나는 ~입니다.

  One of the disadvantages of studying abroad is that it costs a lot of money.
  유학의 단점 중 하나는 돈이 많이 든다는 것입니다.

- It costs (목적어) 비용 to 동사 ~ .
  (목적어가) ~하는 데 −의 비용이 듭니다.

  It will cost you a lot of money to enter graduate school.
  대학원에 입학하는 데 많은 비용이 듭니다.

- ⬚ A ⬚ make(s) it 형용사 for 목적어 to 동사 ~ . ·◦ 50점+
  A는 목적어가 ~하는 것을 형용사하게 만들어줍니다.

  Studying abroad makes it possible for people to learn the language and understand the culture at the same time.
  유학의 장점 중 하나는 언어를 배우는 동시에 문화도 이해하는 것을 가능하게 한다는 점입니다.

- It's not too much to say that 주어 + 동사 ~ . ·◦ 50점+
  주어가 ~하다고 해도 과언이 아닙니다.

  It's not too much to say that studying abroad is all about money.
  유학은 돈이 전부라고 해도 과언이 아닙니다.

- 주어 end up 동사ing ~ . ·◦ 50점+
  주어는 결국 ~합니다.

  You will end up spending a whole lot money.
  결국 아주 많은 돈을 쓰게 되실 겁니다.

Q What are the advantages and disadvantages of studying abroad?
해외 유학의 장단점은 무엇인가요?

💬 모범 답변

35점+   🎧 MP3 5_60

One advantage is that people can learn the language and the culture at the same time. This is very important because they are closely related. However, the disadvantage is that studying abroad is very costly. It costs an arm and a leg. Plus, people can feel lonely and homesick.

한 가지 장점은 언어와 문화를 동시에 배울 수 있다는 것입니다. 이것은 매우 중요한데, 언어와 문화는 밀접한 관련이 있기 때문입니다. 그러나, 유학은 비용이 많이 든다는 단점이 있습니다. 돈이 엄청나게 많이 듭니다. 게다가, 사람들은 외로움을 느끼고 향수병에 걸릴 수 있습니다.

필수 패턴 **핵심 내용**

예상 추가질문 🎧 MP3 5_61

Q What do you think of studying abroad at an early age?
어린 나이에 해외로 유학 가는 것에 대해 어떻게 생각하나요?

50점+   🎧 MP3 5_62

One of the advantages is that it makes it possible for people to learn the language and understand the culture at the same time. It's obvious that the culture and the language are closely associated with each other, so this opportunity can be a big advantage of studying abroad. In particular, this is virtually impossible if you study domestically because you are not exposed to a new environment. However, there are also disadvantages. It's not too much to say that studying abroad is all about money. You will end up spending a whole lot of money. Plus, a person introduced to a new environment will likely feel lonely and homesick.

장점 중 하나는 언어를 배우는 동시에 문화도 함께 이해할 수 있다는 점입니다. 문화와 언어가 서로 밀접한 관련이 있다는 것이 분명하기 때문에, 이러한 기회는 유학의 아주 큰 장점이 될 수 있습니다. 특히 국내에서 공부하면 새로운 환경에 노출되지 않기 때문에 이것(언어를 배우고 문화를 이해하는 것)이 사실상 불가능합니다. 그러나, 단점도 있습니다. 유학의 대부분이 돈이라고 해도 과언이 아닙니다. 결국 아주 많은 돈을 소비하게 될 것입니다. 게다가, 새로운 환경을 접하는 사람은 외롭고 향수병에 걸릴 것입니다.

필수 패턴 **핵심 내용**

📘 **어휘** at the same time 동시에 costly 많은 비용이 드는 cost an arm and a leg 엄청난 돈이 들다 in particular 특히 virtually 사실상, 거의 domestically 국내에서 be exposed to ~에 노출되다 It is not too much to say that ~라고 말해도 과언이 아니다 all about ~가 전부인

나만의 답변 만들기

앞서 배운 내용을 활용하여 나만의 답변을 만들어 보세요.

서론	
본론	
결론	

Question

Many companies now offer telecommuting jobs to increase work efficiency. What are the pros and cons of telecommuting?
이제 많은 기업들이 업무의 효율성을 높이기 위해 재택근무 일자리를 제공합니다. 재택근무의 찬성과 반대 의견에는 어떤 것들이 있을까요?

브레인스토밍

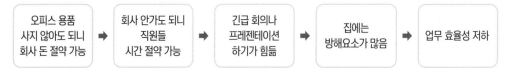

오피스 용품 사지 않아도 되니 회사 돈 절약 가능 ➡ 회사 안가도 되니 직원들 시간 절약 가능 ➡ 긴급 회의나 프레젠테이션 하기가 힘듦 ➡ 집에는 방해요소가 많음 ➡ 업무 효율성 저하

필수 패턴

- To talk about ▢A▢ first, ~ .
  먼저 A에 대해 말하자면, ~입니다.

  To talk about the pros first, companies can save money on office furniture and supplies.
  먼저 찬성 의견에 대해 말하자면, 기업들은 사무용 가구와 사무용품에 대한 비용을 절약할 수 있습니다.

- ▢A▢ have(has) difficulty in 동사ing ~ .
  A는 ~하는 데 어려움이 있습니다.

  Companies might have difficulty in having an urgent meeting or presentation.
  기업들은 긴급 회의나 발표를 하는 데 어려움을 겪을 수도 있습니다.

- ▢A▢ affect(s) ▢B▢ positively(negatively).
  A는 B에 긍정적으로(부정적으로) 영향을 줍니다.

  Telecommuting systems might affect both employees and employers negatively(positively).
  재택근무 시스템은 고용자와 고용주 모두에게 부정적으로(긍정적으로) 영향을 줄 수 있습니다.

- In one's perspective, ~ . ◀ 50점+
  –의 관점에서 보면, ~입니다.

  In the employers' perspective, they can save money by not having to buy office furniture and supplies for employees.
  고용주들의 관점에서 보면, 그들은 직원들을 위한 사무용 가구나 사무용품을 구매할 필요가 없으므로 비용을 절약할 수 있습니다.

- drawbacks to ▢A▢ ◀ 50점+
  A의 단점

  There are also drawbacks to telecommuting.
  재택근무의 단점도 있습니다.

Q Many companies now offer telecommuting jobs to increase work efficiency. What are the pros and cons of telecommuting?

이제 많은 기업들이 업무의 효율성을 높이기 위해 재택근무 일자리를 제공합니다. 재택근무의 찬성과 반대 의견에는 어떤 것들이 있을까요?

💬 모범 답변

35점+

🔊 MP3 5_64

To talk about the pros first, companies can save money on office furniture and supplies. And, employees can save time because they don't have to go to the office. However, companies might have difficulty in having an urgent meeting or presentation. Also, employees can be easily distracted at home and it might affect them negatively.

먼저 찬성 의견에 대해 말하겠습니다. 기업들은 사무용 가구와 사무용품에 대한 비용을 절약할 수 있습니다. 또한, 직원들은 회사로 출근하지 않아도 되기 때문에 시간을 절약할 수 있습니다. 그러나, 기업들은 긴급 회의나 발표를 하는 데 어려움을 겪을 수도 있습니다. 또한, 직원들은 집에서 쉽게 주의가 흐트러질 수 있고, 이는 부정적인 영향을 줄 수도 있습니다.

필수 패턴 핵심 내용

예상 추가 질문 🔊 MP3 5_65

Q Which do you prefer, working from home or at office?

집에서 일하는 것과 회사에서 일하는 것 중 어느 것을 선호하나요?

50점+

🔊 MP3 5_66

Let me talk about the pros first. In the employers' perspective, they can save money by not having to buy office furniture and supplies for employees. In the employees' perspective, they can save time by not having to go through heavy traffic jams when they commute. However, there are also drawbacks to telecommuting. Not being physically present in the office can prevent employees from holding emergency conferences or seminars. Also, there could be distractions at home, such as TV and children, and this could affect employees' work efficiency negatively.

먼저 찬성 의견에 대해 말하겠습니다. 고용주들의 관점에서 보면, 그들은 직원들을 위한 사무용 가구나 사무용품을 구매할 필요가 없어서 비용을 절약할 수 있습니다. 고용인들의 관점에서 보면, 그들은 출근하느라 극심한 교통체증을 겪지 않아도 되기 때문에 시간을 절약할 수 있습니다. 그러나, 재택근무의 단점도 있습니다. 직원들이 실제로 사무실에 출근하지 않으면 긴급 회의나 세미나를 할 수 없습니다. 또한, 집에는 TV나 아이들과 같이 집중을 방해하는 것이 있을 수 있는데, 이는 직원들의 업무 효율성에 부정적인 영향을 줄 수도 있습니다.

필수 패턴 핵심 내용

📘 **어휘** save money on ~에 대한 비용을 절약하다 office supplies 사무 용품 distraction 집중을 방해하는 것 perspective 관점 go through ~을 겪다 prevent A from B A가 B하지 못하게 하다 work efficiency 업무 효율성

앞서 배운 내용을 활용하여 나만의 답변을 만들어 보세요.

서론	
본론	
결론	

Question

Tell me about the advantages and disadvantages of taking online courses.
온라인 강의를 수강하는 것의 장단점에 대해 말해주세요.

💬 **브레인스토밍**

| 장점 먼저 말함 | ➡ | 어디서든 수업 들을 수 있음 | ➡ | 오프라인 수업보다 저렴함 | ➡ | 선생님이나 같은 반 학생들과 소통하기 어려움 | ➡ | 저렴해서 열심히 듣지 않는 경향이 있음 |

💬 **필수 패턴**

- **Let me talk about** A **first.**
먼저 A에 대해 말하겠습니다.

  Let me talk about the advantages first.
먼저 장점에 대해 말하겠습니다.

- A **is much(a lot) 형용사 비교급 than** B **.**
A는 B보다 훨씬 ~합니다.

  Online classes are normally cheaper than offline classes.
온라인 강의는 일반적으로 현장 강의보다 저렴합니다.

- **주어 + 동사 ~ , which means 주어 + 동사 ~ .** ◂ 50점+
주어는 ~하는데, 이는 주어가 ~하다는 의미입니다.

  People do not have to be physically present to take courses, which means you are not restrained from taking classes at any time from anywhere.
사람들은 수업을 수강하기 위해서 실제로 참석할 필요가 없는데, 이는 온라인 강의를 수강하는 데 시간과 장소의 제약이 없다는 뜻입니다.

- **The best(worst) part about A is that 주어 + 동사 ~ .** ◂ 50점+
A의 가장 큰 장점(단점)은 주어가 ~하다는 것입니다.

  The worst part about online classes is that it wouldn't be very easy for you to interact with the teacher.
온라인 강의의 가장 큰 단점은 교사와 상호작용하는 것이 매우 쉽지는 않다는 점입니다.

- **주어 end(s) up 동사ing ~ .** ◂ 50점+
주어는 결국 ~하게 됩니다.

  Online classes cost less, so people end up not completing the course.
온라인 강의는 저렴해서, 사람들은 결국 완강하지 않습니다.

Q Tell me about the advantages and disadvantages of taking online courses.
온라인 강의를 수강하는 것의 장단점에 대해 말해주세요.

💬 모범 답변

35점+
🔊 MP3 5_68

Let me talk about the advantages first. First, people can take classes anywhere at any time. Also, you can save money because online classes are normally cheaper than offline classes. However, you cannot interact with the teacher or classmates instantaneously. Also, people tend not to try hard because it's cheap.

먼저 장점에 대해 말하겠습니다. 첫째로, 온라인 강의는 언제 어디서든 수강할 수 있습니다. 또한, 온라인 강의는 일반적으로 오프라인 강의보다 저렴하기 때문에 돈을 절약할 수 있습니다. 그러나, 선생님이나 반 친구들과 즉각적으로 소통할 수는 없습니다. 또한, 저렴하다는 이유로 열심히 하지 않는 경향도 있습니다.

필수 패턴 **핵심 내용**

예상 추가 질문 🔊 MP3 5_69

Q Which do you prefer, offline or online classes?
오프라인 강의와 온라인 강의 중 어느 것을 선호하나요?

50점+
🔊 MP3 5_70

There are a few advantages and disadvantages of taking online classes. Let me talk about the advantages first. First, people are not restrained from taking classes at any time from anywhere, which means you do not have to be physically present to take courses. Also, online classes are generally cheaper than offline courses, so you can save a lot of money. Next, let me talk about the disadvantages. The worst part about online classes is that it wouldn't be very easy for you to interact with the teacher or classmates instantaneously. Also, because online classes cost less, people tend to not take the classes seriously, and end up not completing the course.

온라인 강의를 수강하는 것에는 몇 가지 장단점이 있습니다. 먼저 장점에 대해 말하겠습니다. 첫째로, 온라인 강의를 수강하는 데는 시간과 장소의 제약이 없는데, 이는 수업을 수강하기 위해서 실제로 참석할 필요가 없다는 뜻입니다. 또한, 온라인 강의는 일반적으로 오프라인 강의보다 저렴해서 많은 돈을 절약할 수 있습니다. 다음으로, 단점에 대해 알려드리겠습니다. 온라인 강의의 가장 큰 단점은 선생님이나 반 친구들과 즉각적으로 소통하기가 쉽지는 않다는 점입니다. 또한, 온라인 강의에 비용이 적게 들기 때문에 사람들은 강의를 열심히 수강하지 않고, 결국 완강하지 않게 되는 경향이 있습니다.

필수 패턴 **핵심 내용**

📖 **어휘** interact with ~와 상호작용하다 instantaneously 즉각적으로, 동시에 be restrained from ~의 구속을 받다
take (something) seriously ~을 중요하게 여기다, ~을 진지하게 하다 end up -ing 결국 ~하게 되다

나만의 답변 만들기

앞서 배운 내용을 활용하여 나만의 답변을 만들어 보세요.

서론	
본론	
결론	

CHAPTER 6

그래프 묘사하기 &
사진 설명하기

한 눈에 보는 그래프 묘사하기&사진 설명하기

그래프 묘사하기

바 그래프

파이 그래프

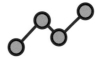

라인 그래프

사진 설명하기

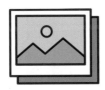

사진 묘사하기

사진 비교하기

선호하는 것 고르기

물건 팔기

UNIT 20 그래프 묘사하기
바 그래프

막대 그래프는 SPA 시험에 출제되는 그래프의 종류 중 가장 일반적이고 기본적인 형태의 그래프로서, 막대 그래프를 분석하고 설명하는데 필요한 패턴을 익히면, 어렵지 않게 답변할 수 있습니다.

💬 브레인스토밍

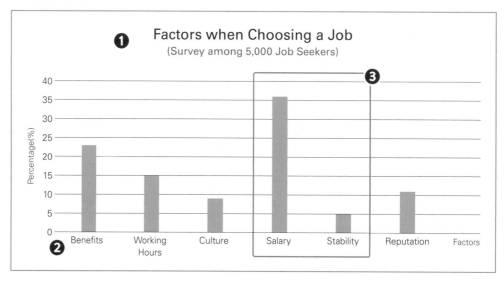

① 그래프 종류와 주제(제목) 찾기: 바 그래프의 주제는 보통 제목으로 주어집니다.

② 가로축, 세로축 요소 파악하기: 가로축은 주제에 대한 요소가 나오고, 세로축은 주로 수치로 나옵니다. 간혹 가로축이 수치, 세로축이 요소가 주어지는 경우도 있습니다.

③ 특이점 찾기: 바 그래프에서는 가장 높은 수치와 낮은 수치를 특징으로 자세히 설명합니다.

그래프 파악	· 종류: bar graph (바 그래프) · 그래프 제목: factors when choosing a job (직업 선택 시 고려 요소) · 가로축: factors (요소) · 세로축: percentage (퍼센트)
특징 파악	· 사람들이 가장 많이 고려하는 요소: salary (급여) · 사람들이 가장 적게 고려하는 요소: stability (안정성)

- **This is a bar graph about 주제(제목).**
  이것은 ~에 관한 바 그래프입니다.

- **The vertical(horizontal) axis represents** _____ .
  세로(가로)축은 ~을(를) 나타냅니다.

- _____ **A** _____ **placed first(last) out of all** _____ .
  A가 ~중에서 가장 첫 번째(마지막)으로 꼽혔습니다.

- _____ **A** _____ **is followed by** _____ **B** _____ .
  B는 A 다음입니다.

- _____ , **while 주어 + 동사 ~** . •50점+
  ~, 반면에 주어는 ~합니다.

💬 **필수 패턴 적용해 보기**

This is a ① _____ about ② _____ . It was surveyed

③ _____ . The ④ _____ represents

⑤ _____ . The ⑥ _____ represents ⑦ _____ .

⑧ _____ placed first out of all ⑨ _____ and it means people considered

⑩ _____ the most important factor. ⑪ _____ placed last out of all

⑫ _____ , and it means people considered ⑬ _____ the least important

factor when choosing a job.

이것은 직업 선택 시 고려 요소에 대한 바 그래프입니다. 5,000명의 취업 준비자들을 대상으로 설문 조사가 진행됐습니다. 세로축은 퍼센트를 의미합니다. 가로축은 다양한 고려 요소들을 의미합니다. 급여가 모든 요소들 중 첫 번째로 꼽혔고, 이는 사람들이 급여를 가장 중요하게 생각함을 의미합니다. 안정성은 모든 요소들 중 가장 마지막 순위로 꼽혔고, 이는 사람들이 직업 선택 시 안정성을 가장 덜 중요하게 생각함을 의미합니다.

💬 정답 ① bar graph ② factors when choosing a job ③ among 5,000 job seekers ④ vertical axis
⑤ the percentages ⑥ horizontal axis ⑦ different factors ⑧ Salary ⑨ the factors
⑩ salary ⑪ Stability ⑫ the factors ⑬ stability

CHAPTER 6

그래프 묘사하기 & 사진 설명하기

Question

Please describe the graph in as much detail as you can.
그래프를 할 수 있는 만큼 자세히 묘사해 주세요.

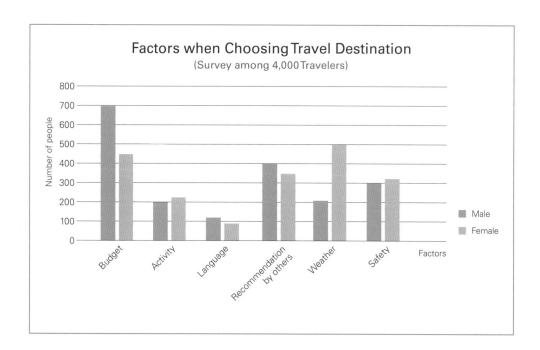

브레인스토밍

그래프 파악	· 종류: bar graph (바 그래프) · 그래프 제목: factors when choosing travel destination (여행지 선택 시 고려 요소) · 세로축: the number of people (응답자 수) · 가로축: factors (요소)
특징 파악	· 남자들이 가장 많이 고려하는 요소: budget (예산) · 여자들이 가장 많이 고려하는 요소: weather (기후) · 남자들이 가장 적게 고려하는 요소: language (언어) · 여자들이 가장 적게 고려하는 요소: language (언어)

필수 패턴 적용

앞서 배운 필수 패턴을 응용하여 다음 문장을 영작해 보세요.

· 언어는 남성과 여성 모두에게서 가장 마지막 순위로 꼽혔습니다.

35점⁺ 🔊 MP3 6_1

This is a bar graph about **factors when choosing travel destination by gender.** The vertical axis represents **the number of people, and** the horizontal axis represents **different factors.** According to the graph, **budget** placed first out of all **the factors for male travelers, and weather** placed first for female travelers. **Language** placed last out of all **the factors for both male and female travelers.**

이것은 여행지 선택 시 성별에 따른 고려 요소에 대한 바 그래프입니다. 세로축은 응답자 수를 의미하며, 가로축은 다양한 고려 요소들을 의미합니다. 그래프에 따르면, 예산은 남성에게서 모든 요소들 중 첫 번째로 꼽혔고, 기후는 여성에게서 가장 첫 번째 요소로 꼽혔습니다. 언어는 남성과 여성 모두에게서 가장 마지막 순위로 꼽혔습니다.

필수 패턴

예상 추가질문 🔊 MP3 6_2

Q What do you consider the most when choosing your travel destination?
여행지를 선택할 때 어떤 요소를 가장 중요하게 생각하나요?

Q Do you tend to study the language of the country before visiting it?
여행지에 방문하기 전 해당 국가의 언어를 배우는 편인가요?

50점⁺ 🔊 MP3 6_3

This is a bar graph about **different factors that travelers consider when choosing travel destination by gender.** It was surveyed among 4,000 travelers. The vertical axis represents the number of responses, while the horizontal axis represents **different factors.** For male travelers, budget was the biggest factor to be considered, while weather was the biggest factor for female travelers. For both male and female travelers, language was the least important factor to be considered when traveling.

이것은 여행지 선택 시 성별에 따른 고려 요소에 대한 바 그래프입니다. 4,000명의 여행자들을 대상으로 설문 조사가 진행됐습니다. 세로축은 응답자 수를 의미하며, 가로축은 다양한 요소들을 의미합니다. 남성 여행자에게는 예산이 가장 중요한 요소로 꼽혔으며, 여성 여행자에게는 기후가 가장 중요한 요소로 꼽혔습니다. 남녀 모두에게 언어는 여행 시 가장 덜 중요한 요소로 작용했습니다.

필수 패턴

📖 **어휘** factor 요소, 요인 when -ing ~할 때 travel destination 여행지 the number of ~의 수 different 다양한 both A and B A와 B 모두 consider 고려하다 among ~중에서, ~가운데

Please describe the graph in as much detail as you can.
그래프를 할 수 있는 만큼 자세히 묘사해 주세요.

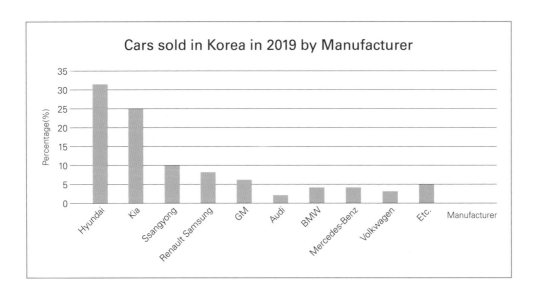

Cars sold in Korea in 2019 by Manufacturer

💬 **브레인스토밍**

그래프 파악	· 종류: bar graph (바 그래프) · 그래프 제목: cars sold in korea in 2019 by manufacturer (제조사별 2019년 한국 자동차 판매량) · 세로축: percentage (퍼센트) · 가로축: manufacturer (제조사)
특징 파악	· 가장 많은 차를 판 제조사: Hyundai (현대) · 가장 적은 차를 판 제조사: Audi (아우디)

💬 **필수 패턴 적용**

앞서 배운 필수 패턴을 응용하여 다음 문장을 영작해 보세요.

· 이것은 제조사별 2019년 한국 자동차 판매량에 대한 바 그래프입니다.

· 세로축은 퍼센트를 의미하고, 가로축은 제조사를 의미합니다.

💬 모범 답변

35점⁺   🔊 MP3 6_4

This is a bar graph about **cars sold in Korea in 2019 by manufacturer**. The vertical axis represents **the percentages,** and the horizontal axis represents **the manufacturers**. According to the graph, Hyundai placed first out of all **the manufacturers,** and Audi placed last out of all **the manufacturers**.

이것은 제조사별 2019년 한국 자동차 판매량에 대한 바 그래프입니다. 세로축은 퍼센트를 의미하고, 가로축은 제조사를 의미합니다. 그래프에 따르면, 현대가 모든 제조사들 중 첫 번째로 꼽혔고, 아우디는 마지막 순위로 꼽혔습니다.

필수 패턴

예상 추가 질문   🔊 MP3 6_5

Q Which of the manufacturers do you prefer the most, and why?
어떤 자동차 제조사를 가장 선호하며, 그 이유는 무엇인가요?

Q What could be the reason that Hyundai came in first?
현대차가 첫 번째로 꼽힌(가장 많은 자동차를 판매한) 이유가 무엇이라고 생각하나요?

50점⁺   🔊 MP3 6_6

This is a bar graph that illustrates **the number of cars sold in Korea by manufacturers in 2019.** The vertical axis represents **the percentage of total sales,** while the horizontal axis represents **the manufacturers.** According to the graph, Hyundai is the manufacturer that sold the largest number of cars in Korea with more than 30 percent, and it is followed by Kia with 25 percent. On the other hand, Audi sold the least number of cars in Korea.

이것은 제조사별 2019년 한국 자동차 판매량을 보여주는 바 그래프입니다. 세로축은 총 판매량의 퍼센트를 의미하며, 가로축은 제조사를 의미합니다. 그래프에 따르면, 현대는 30% 이상의 수치를 보이며 가장 많은 자동차를 판매한 제조사로 꼽히며, 그 뒤를 25%의 기아차가 이어갔습니다. 이에 반해, 아우디는 한국에서 가장 적은 수의 자동차를 판매했습니다.

필수 패턴

📒 **어휘** manufacturer 제조사 vertical axis 세로축 horizontal axis 가로축 represent 나타내다, 의미하다 according to ~에 따르면 place 차지하다 out of all 모든 ~중에서 illustrate (실례, 도해 등을 이용하여) 분명히 보여주다 on the other hand 반면에

🛠️ 송쌤의 꿀팁

> The most 는 가장 많이 를 의미하는 반면 the least 는 가장 최소/적은 을 의미합니다. 예를 들어, my most favorite food 는 내가 가장 많이 좋아하는 음식 the least favorite food 는 내가 가장 적게 좋아하는 음식을 의미합니다. 즉, the least number of 는 가장 적은 수 가 되겠죠? 꼭 기억하세요!

CHAPTER 6
그래프 묘사하기 & 사진 설명하기

CHAPTER 6

그래프 묘사하기 & 사진 설명하기

앞서 배운 내용을 활용하여 답변해 보세요.

Q Please describe the graph in as much detail as you can.
그래프를 할 수 있는 만큼 자세히 묘사해 주세요.

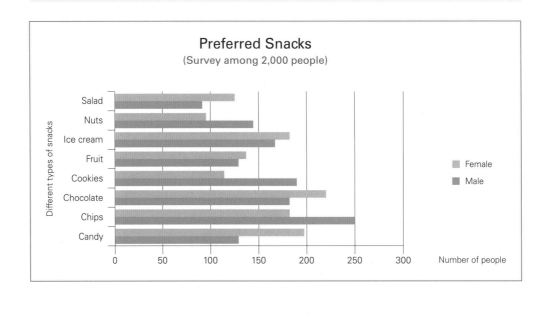

35점+ 🔊 MP3 6_7

This is a bar graph about **preferred snacks among 2,000 people.** The vertical axis shows **different types of snacks, and** the horizontal axis represents **the number of people.** Chips placed first out of all **the snacks for males, and chocolate for females.** Salad placed last out of all **snacks for males, and nuts for females.**

이것은 2,000명의 응답자를 대상으로 한 선호하는 간식에 대한 바 그래프입니다. 세로축은 다양한 간식의 종류를 나타내며, 가로축은 응답자 수를 의미합니다. 칩은 남성에게서 모든 간식 중 첫 번째로 꼽혔고, 여성은 초콜릿을 첫 번째로 꼽았습니다. 샐러드는 남성에게서 마지막 순위로 꼽혔고, 여성은 견과류를 가장 마지막으로 꼽았습니다.

필수 패턴

예상 추가질문 🔊 MP3 6_8

Q What is your favorite snacks?
가장 좋아하는 간식은 무엇인가요?

Q Why do you think that males and females have different preferences in snacks?
남성과 여성이 선호하는 간식이 다른 이유가 무엇이라고 생각하나요?

50점+ 🔊 MP3 6_9

This is a bar graph that shows **preferred snacks.** It was surveyed among 2,000 people. The vertical axis shows **different types of snacks,** while the horizontal axis represents the number of responses. The most preferred snacks were chips for males and chocolate for females. However, the least preferred snacks were salad for males and nuts for females.

이것은 선호하는 간식을 나타내는 바 그래프입니다. 2,000명의 사람을 대상으로 설문 조사가 진행됐습니다. 세로축은 다양한 종류의 간식을 나타내며, 가로축은 응답자 수를 의미합니다. 가장 선호하는 간식의 종류는 남성의 경우 칩, 여성의 경우 초콜릿이었습니다. 이에 반해 가장 선호하지 않는 간식은 남성의 경우 샐러드, 여성의 경우 견과류였습니다.

필수 패턴

어휘 prefer 선호하다　while ~인 반면에　response 응답

그래프 묘사하기
파이 그래프

파이 그래프는 각 요소별 구성비율을 원에 표현한 그래프로서, 파이 차트라고도 합니다. 파이 그래프를 분석하고 설명하는데 필요한 패턴을 익히면, 어렵지 않게 답변할 수 있습니다.

💬 브레인스토밍

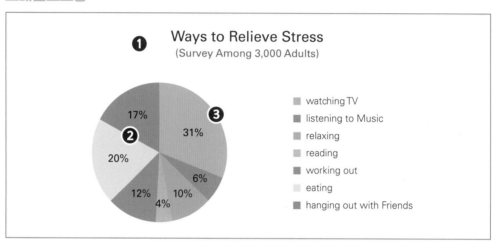

① 그래프 종류와 주제(제목) 찾기: 파이 그래프의 주제는 보통 제목으로 주어집니다.

② 각 요소 파악하기: 원 안에 각 부채꼴 별 요소들과 구성 비율을 파악합니다.

③ 특이점 찾기: 파이 그래프에서는 가장 많은 비율과 적은 비율의 수치를 특징으로 자세히 설명합니다.

그래프 파악	· 종류: pie graph (파이 그래프)
	· 그래프 제목: ways to relieve stress (스트레스 해소 방법)
	· 각 비중을 차지하는 요소: the activities that people do (활동 종류)
특징 파악	· 사람들이 가장 많이 하는 활동: watching TV (TV 시청)
	· 사람들이 가장 적게 하는 활동: reading (독서)

💬 필수 패턴

- **This is a pie graph(chart) about 주제(제목).**
  이것은 ~에 관한 파이 그래프(차트)입니다.

- **It was surveyed among 인원(사람 수).**
  ~명을 대상으로 설문 조사가 진행됐습니다.

- **Each portion represents   A   .**
  각 부분은 A를 의미합니다(나타냅니다).

- **   A   accounts for about 숫자.** •50점+
  A는 ~를 차지하고 있습니다.

- **More than 숫자 percent of the people responded that   .** •50점+
  ~% 이상이 ~라고 응답했습니다.

- **From the chart, it can be seen that   .** •50점+
  차트를 통해서, ~임을 알 수 있습니다.

💬 필수 패턴 적용해 보기

> This is a ① _____ about ② _____ . It was surveyed among ③ _____ . Each portion represents ④ _____ to relieve their stress. ⑤ _____ placed first out of all the activities with ⑥ _____ percent, while ⑦ _____ placed last with only ⑧ _____ percent. From the chart, it can be seen that most adults ⑨ _____ to relieve their stress, followed by ⑩ _____ .

이것은 스트레스 해소 방법에 대한 파이 그래프입니다. 3,000명의 성인을 대상으로 설문 조사가 진행됐습니다. 각 부분은 사람들이 스트레스 해소를 위해 하는 다양한 활동을 의미합니다. TV 시청이 31%를 기록하며 모든 활동 중 첫 번째로 꼽혔고, 독서는 4%만을 기록하며 가장 마지막 순위로 꼽혔습니다. 그래프를 통해서, 대부분의 성인은 스트레스 해소를 위해 TV를 시청하며, 그 다음으로는 먹기가 진행됨을 알 수 있습니다.

💬 정답
① pie graph ② ways to relieve stress ③ 3,000 adults ④ different activities people do
⑤ Watching TV ⑥ 31 ⑦ reading ⑧ 4 ⑨ watch TV ⑩ eating

Question

Please describe the graph in as much detail as you can.

그래프를 할 수 있는 만큼 자세히 묘사해 주세요.

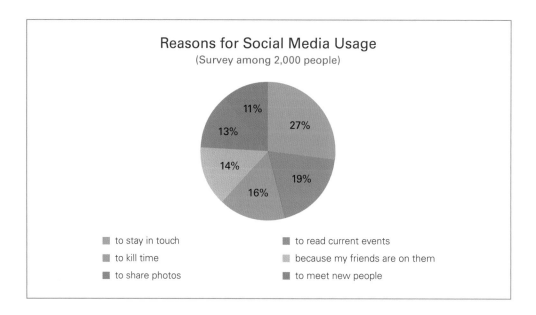

브레인스토밍

그래프 파악	· 종류: pie graph (파이 그래프) · 그래프 제목: reasons for social media usage (소셜 미디어 사용 이유) · 각 비중을 차지하는 요소: reasons (이유)
특징 파악	· 소셜 미디어 사용의 가장 큰 이유: to stay in touch (지인과의 연락을 위해) · 소셜 미디어 사용의 가장 작은 이유: to meet new people (새로운 사람을 만나기 위해)

필수 패턴 적용

앞서 배운 필수 패턴을 응용하여 다음 문장을 영작해 보세요.

· 2,000명의 응답자를 대상으로 설문이 진행됐습니다.

- -

· 각 부분은 사용 이유를 의미합니다.

- -

· 추가로, '새로운 사람을 만나기 위해'는 11%를 기록하며 가장 마지막 순위로 꼽혔습니다.

- -

35점⁺

🔊MP3 6_10

This is a pie graph about **reasons for social media usage.** It was surveyed among **2,000 people.** Each portion represents **reasons.** 'To stay in touch' placed first out of all **the reasons with 27 percent,** and it is followed by '**to read current events' with 19 percent.** Plus, '**to meet new people' placed last with 11 percent.**

이것은 소셜 미디어 사용 이유에 대한 파이 그래프입니다. 2,000명의 응답자를 대상으로 설문이 진행됐습니다. 각 부분은 사용 이유를 의미합니다. '지인과의 연락을 위해'가 27%를 기록하며 첫 번째 이유로 꼽혔고, 그 뒤 19%의 '최신 뉴스를 확인하기 위해'가 이어갔습니다. 추가로, '새로운 사람을 만나기 위해'는 11%를 기록하며 가장 마지막 순위로 꼽혔습니다.

필수 패턴

예상 추가 질문 🔊MP3 6_11

Q Do you spend any(much) time on social network? If so, what is the main reason?
소셜 네트워크에서 (많은) 시간을 보내나요? 만약 그렇다면, 주된 이유는 무엇인가요?

Q What are the advantages and disadvantages of social media?
소셜 미디어의 장점과 단점은 무엇인가요?

50점⁺

🔊MP3 6_12

This is a pie graph that shows **the result of a survey in which 2,000 people were asked about the reasons for their social media usage.** Each portion represents **different reasons.** According to the survey, 'to stay in touch' accounted for the majority of responses with 27%. 'To read current events' took second place, **taking up 19% of total responses.** The smallest portion was taken up by '**to meet new people' with only 11%.**

이것은 2,000명의 응답자를 대상으로 소셜 미디어 사용 이유에 대한 답변 결과를 나타내는 파이 그래프입니다. 각 부분은 다양한 사용 이유를 의미합니다. 설문조사에 따르면, '지인과의 연락을 위해'는 27%를 기록하며 대부분의 응답을 차지했습니다. '최신 뉴스를 확인하기 위해'는 19%를 기록하며 두 번째 이유로 꼽혔습니다. 가장 적은 응답은 11%를 기록한 '새로운 사람을 만나기 위해'가 차지했습니다.

필수 패턴

📖 **어휘** usage 사용 current events 시사, 최신 소식 account for (부분, 비율을) 차지하다 majority 가장 많은 수, 다수 take up 차지하다

🛠 **송쌤의 꿀팁**

▸ account for 은 파이 그래프에서 비중(비율)을 차지하다 라는 뜻으로 파이 그래프에서 많이 사용되는 표현입니다. 같은 표현으로는 take up 이라는 표현이 있으며, account for/take up 다음에 비율 수를 쓰면 됩니다!

Please describe the graph in as much detail as you can.
그래프를 할 수 있는 만큼 자세히 묘사해 주세요.

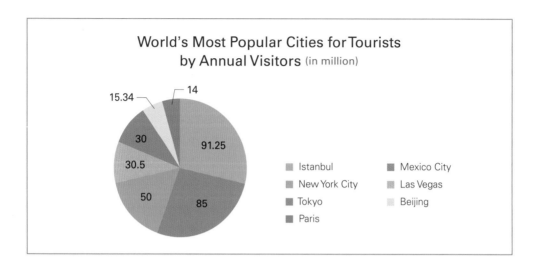

World's Most Popular Cities for Tourists by Annual Visitors (in million)

- Istanbul
- New York City
- Tokyo
- Paris
- Mexico City
- Las Vegas
- Beijing

💬 브레인스토밍

그래프 파악	· 종류: pie graph (파이 그래프)
	· 그래프 제목: world's most popular cities for tourists by annual visitors (연례 방문객 수에 따른 세계에서 여행자들에게 가장 인기 있는 도시)
	· 각 비중을 차지하는 요소: city names (도시명)
특징 파악	· 사람들이 가장 많이 방문하는 관광명소: Istanbul (이스탄불)
	· 사람들이 가장 적게 방문하는 관광명소: Paris (파리)

💬 필수 패턴 적용

앞서 배운 필수 패턴을 응용하여 다음 문장을 영작해 보세요.

- 이것은 연례 방문객 수에 따른 여행자들에게 가장 인기있는 도시를 보여주는 파이 그래프입니다.

- 각 부분은 도시명을 의미합니다.

- 이스탄불은 연 9,125만명이 방문했습니다.

💬 **모범 답변**

35점⁺

This is a pie graph about **the world's most popular cities for tourists by annual visitors.** Each portion represents **city names.** First, Istanbul placed first with 91.25 million visitors per year, and it is followed by Mexico City with 85 million visitors. However, Paris placed last in the list with only 14 million visitors per year.

이것은 연례 방문객 수에 따른 여행자들에게 가장 인기있는 도시에 대한 파이 그래프입니다. 각 부분은 도시명을 의미합니다. 가장 먼저, 이스탄불은 연 9,125만명이 방문하여 첫 번째로 꼽혔으며, 그 뒤를 8,500만명의 방문자를 기록한 멕시코 시티가 이어갔습니다. 하지만 파리는 연 1,400만명의 방문자만을 기록하며 여행지 중 가장 마지막 순위를 기록했습니다.

필수 패턴

예상 추가질문   🔊 MP3 6_14

Q What is your favorite tourist destination?
가장 좋아하는 여행지는 어디인가요?

Q Have you ever been to any of the cities listed above?
위의 나열된 곳 중 방문해본 도시가 있나요?

50점⁺

This is a pie graph that demonstrates **the world's most popular cities for tourists by annual visitors.** Each slice represents **city names and the number of annual visitors is shown in million.** First, Istanbul had the largest number of visitors with 91.25 million visitors per year, followed by Mexico City with 85 million visitors. Of all the cities on the list, Paris ranked last with only 14 million visitors per year.

이것은 연례 방문객 수에 따른 여행자들에게 가장 인기있는 도시에 대한 파이 그래프입니다. 각 부분은 도시명을 의미하고, 연 방문자 수는 백만 단위로 표시되어 있습니다. 첫째로, 이스탄불은 연 9,125만명의 방문자 수를 기록하며 가장 많은 수의 여행객을 보유했고, 이를 8,500만명의 방문자를 기록한 멕시코 시티가 뒤이었습니다. 열거된 모든 도시 중, 파리는 연 1,400만명의 방문자만을 보유하며 가장 마지막 순위를 기록했습니다.

필수 패턴

📘 **어휘** portion 부분 per ~마다 demonstrate 보여주다 slice 부분 annual 매년의, 연간의 rank (등급, 등위, 순위를) 차지하다

🔧 **송쌤의 꿀팁**

▸ tourist destinations 는 관광 명소로 tourist attractions 과 같게 사용될 수 있습니다.

앞서 배운 내용을 활용하여 답변해 보세요.

Q **Please describe the graph in as much detail as you can.**
그래프를 할 수 있는 만큼 자세히 묘사해 주세요.

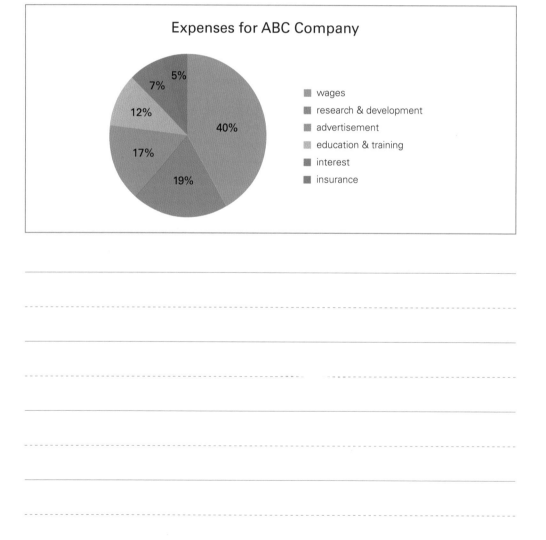

35점+

🔊 MP3 6_16

This is a pie chart about **expenses for ABC Company.** Each portion represents **a different type of expense. Wages** placed first with **40 percent, and** it is followed by **research & development with 19 percent.** On the other hand, **insurance** placed last with **only 5 percent.**

이것은 ABC 회사의 지출에 대한 파이 그래프입니다. 각 부분은 다양한 종류의 지출을 의미합니다. 임금이 40%를 차지하며 첫 번째 이유로 꼽혔고, 그 뒤를 19%의 연구 개발 항목이 이어갔습니다. 반면에, 보험은 5%만을 기록하며 가장 마지막 순위로 꼽혔습니다.

필수 패턴

50점+

🔊 MP3 6_17

This is a pie chart about **ABC Company's expenses.** Each slice represents **a different type of expense incurred by the company.** The largest portion of ABC Company's total expenses was wages, which **accounts for 40 percent of the total expenses.** The second largest portion was for **research & development with 19 percent.** On the other hand, it can be seen that the company spent the least amount of money on insurance with 5 percent.

이것은 ABC 회사의 지출에 대한 파이 그래프입니다. 각 부분은 회사에서 발생한 다양한 종류의 지출을 의미합니다. ABC 회사의 총 지출 중 가장 큰 부분은 임금이었으며, 이는 총 지출의 40%를 차지했습니다. 두 번째로 큰 지출 항목은 19%를 기록한 연구 개발 항목이었습니다. 반면에, 회사는 가장 적은 지출을 5%의 보험 항목에서 사용했음을 알 수 있습니다.

필수 패턴

📖 **어휘** expense(s) (특정한 일, 목적 등에 드는) 비용, (업무상의) 경비 wage 임금 research & development 연구 개발 insurance 보험 incur (비용을) 발생시키다, 초래하다 spend on ~에 (돈을) 소비하다

UNIT 22 그래프 묘사하기
라인 그래프

선 그래프는 각 변들의 꼭짓점을 연결하여 변화의 추이를 나타낸 형태의 그래프로서, 선 그래프를 분석하고 설명하는데 필요한 패턴을 익히면, 어렵지 않게 해낼 수 있습니다.

💬 브레인스토밍

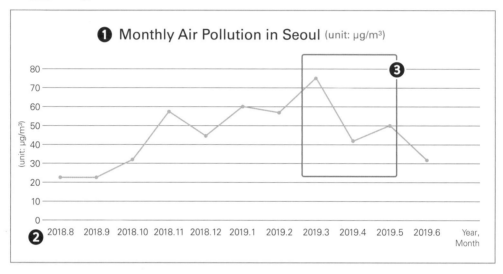

① 그래프 종류와 주제(제목) 찾기: 라인 그래프의 주제는 보통 제목으로 주어집니다.

② 가로축, 세로축 요소 파악하기: 가로축은 주제에 대한 요소가 나오고, 세로축은 주로 수치로 나옵니다. 간혹 가로축이 수치, 세로축이 요소가 주어지는 경우도 있습니다.

③ 특이점 찾기: 라인 그래프에서는 가장 높은 수치와 낮은 수치를 특징으로 급격한 변화가 있는 구간을 중심으로 자세히 설명합니다.

그래프 파악	· 종류: line graph (라인 그래프) · 그래프 제목: monthly air pollution in Seoul (월별 서울의 공기 오염도) · 그래프 파악: 서울의 대기오염 수치 변화를 월별로 통계
특징 파악	· 대기오염 수치가 가장 높았던 월: 2019. 3: 75 $\mu g/m^3$ · 대기오염 수치가 가장 낮았던 월: 2018. 8-9: 24 $\mu g/m^3$ · 가장 많은 변화가 있었던 시기: 2019. 3~4: 75 → 42 $\mu g/m^3$

- This is a line graph about 주제(제목).
  이것은 ~에 관한 라인 그래프입니다.

-    A   showed the highest(lowest)   B   with 수치.
  A가 가장 높은(가장 낮은) 수치를 기록하며 B를 보였습니다.

- Not much difference in   A can be seen from   C to   D .
  C에서 D까지로 보아 A(에)는 큰 차이가 없음을 알 수 있습니다 .

- The biggest jump(drop) was from   A   to   B   .
  가장 큰 상승률(하락률)은 A부터 B까지였습니다.

-   A increased(decreased/jumped/dropped) dramatically from   B to   C .
  A는 B에서 C까지 극적으로 증가(감소/급등/급락)했습니다.

💬 필수 패턴 적용해 보기

> This is a ① _____ about ② _____ . The
> graph shows air pollution levels from August 2018 to June 2019. From the graph,
> ③ _____ showed the highest ④ _____ with 75
> µg/m³, and ⑤ _____ showed the lowest
> ⑥ _____ with 24 µg/m³. The level of air pollution increased from
> ⑦ _____ to ⑧ _____ for 3 months. On the other hand, the biggest
> drop was from ⑨ _____ to ⑩ _____ , from 75 to 42,
> respectively.

이것은 서울의 월별 공기 오염 수준에 대한 라인 그래프입니다. 그래프는 2018년 8월부터 2019년 6월 사이의 공기 오염도를 나타냅니다. 그래프에서는 2019년 3월이 75 µg/m³의 수치를 기록하며 가장 높은 공기 오염도를 보였고, 2018년 8월과 9월이 24 µg/m³의 수치를 기록하며 가장 낮은 공기 오염도를 보였습니다. 공기 오염도는 2018년 8월부터 2018년 11월 3개월 간 악화되었습니다. 반면에, 가장 큰 하락은 2019년 3월부터 2019년 4월 사이 각각 75에서 42 수치를 기록하며 이루어졌습니다.

정답
① line graph ② monthly air pollution levels in Seoul ③ March 2019 ④ level of air pollution
⑤ August and September of 2018 ⑥ level of air pollution ⑦ August 2018 ⑧ November 2018
⑨ March 2019 ⑩ April 2019

Question

Please describe the graph in as much detail as you can.
그래프를 할 수 있는 만큼 자세히 묘사해 주세요.

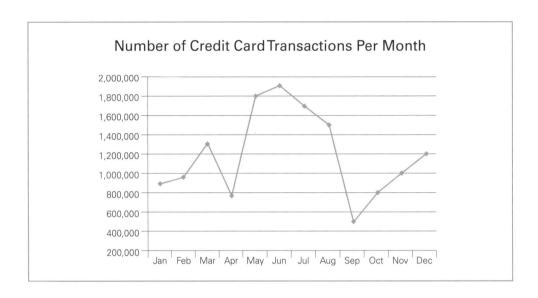

💬 **브레인스토밍**

그래프 파악	· 종류: line graph (라인 그래프) · 그래프 제목: the number of credit card transactions per month (월별 신용카드 이용 건수) · 그래프 파악: 월별에 따른 신용카드 이용건수의 변화를 통계낸 그래프

특징 파악	· 신용카드 이용건수가 가장 많은 달: Jun
	· 신용카드 이용건수가 가장 적은 달: Sep
	· 가장 많은 변화가 있었던 시기: April~May: biggest jump (4월~5월: 가장 큰 상승률)
	                                    August~September: biggest drop
	                                    (8월~9월: 가장 큰 하락률)

💬 **필수 패턴 적용**

앞서 배운 필수 패턴을 응용하여 다음 문장을 영작해 보세요.

· 6월은 가장 높은 신용카드 이용 건수를 기록했습니다.

- -

· 가장 큰 상승률은 4월부터 5월까지 였습니다.

- -

35점⁺

◁》MP3 6_18

This is a line graph about monthly credit card transactions from January to December. June showed the highest number of credit card transactions with nearly 2 million transactions, and September showed the lowest number of transactions with around .5 million transactions. The biggest jump was from less than .8 million in April to nearly 1.8 million in May. On the other hand, the biggest drop was from 1.5 million in August to less than .6 million in September.

이것은 1월부터 12월 사이의 월별 신용카드 이용 건수에 대한 라인 그래프입니다. 6월은 약 200만건에 가까운 거래를 기록하며 가장 높은 신용카드 이용 건수를 기록했고, 9월은 약 50만건 정도의 거래를 기록하며 가장 낮은 신용카드 이용 건수를 기록했습니다. 가장 큰 상승률은 4월달 80만건에 못미치는 수치부터 약 180만건에 가까운 거래를 기록한 5월까지였습니다. 반대로, 가장 큰 하락률은 150만건의 거래가 이루어진 8월부터 60만건 이하의 거래를 기록한 9월까지였습니다.

필수 패턴

예상 추가질문 ◁》MP3 6_19

Q In which month is your expenditure the highest?
당신의 지출이 가장 높은 달은 언제인가요?

50점⁺

◁》MP3 6_20

This is a line graph about the amount of credit card transactions from January to December. From the graph, June was the month with the highest number of credit card transactions with nearly 2 million transactions, while the month of September had the lowest number of transactions with around .5 million transactions. The biggest jump was seen from April to May, where the number of transactions increased from less than .8 million to nearly 1.8 million. On the other hand, the period with the biggest drop was from August to September, from 1.5 million to less than .6 million transactions.

이것은 1월부터 12월 사이의 월별 신용카드 이용 건수에 대한 라인 그래프입니다. 그래프에서 6월은 약 200만건에 가까운 거래를 기록하며 가장 높은 신용카드 이용 건수를 보였고, 9월은 약 50만건의 거래로 가장 낮은 신용카드 이용 건수를 기록했습니다. 가장 큰 상승률은 4월에서 5월 사이 일어났으며, 거래 수치는 80만건 아래에서 약 180만건 정도로 상승했습니다. 반면에 가장 큰 하락률은 8월부터 9월 사이 일어났으며, 거래 수치는 150만건에서 60만건 이하로 하락했습니다.

필수 패턴

📖 **어휘** credit card transaction 신용카드 거래 around 약 jump 급증, 급등 drop 급락

CHAPTER 6
그래프 묘사하기 & 사진 설명하기

Please describe the graph in as much detail as you can.
그래프를 할 수 있는 만큼 자세히 묘사해 주세요.

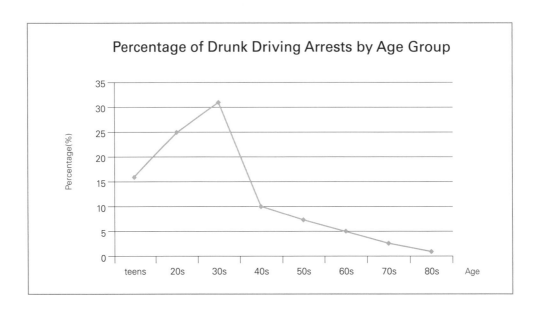

Percentage of Drunk Driving Arrests by Age Group

💬 브레인스토밍

그래프 파악	· 종류: line graph (라인 그래프) · 그래프 제목: the percentage of drunk driving arrests by age group 　　　　　　 (연령대에 따른 음주운전 체포율) · 그래프 파악: 음주운전으로 체포된 사람들을 연령대별로 비율을 따져 통계낸 그래프
특징 파악	· 음주운전으로 가장 많이 체포된 연령대: 30s (30대) · 음주운전으로 가장 적게 체포된 연령대: 80s (80대) · 가장 많은 변화가 있는 구간: 30s – 40s biggest drop (30대 – 40대: 가장 큰 하락률) 　　　　　　　　　　　　　　 teens – 30s increased steadily (10대 – 30대: 지속적인 증가) 　　　　　　　　　　　　　　 30s – 80s decreased (30대 – 80대: 하락)

💬 필수 패턴 적용

앞서 배운 필수 패턴을 응용하여 다음 문장을 영작해 보세요.

· 음주운전 체포율은 10대부터 30대 사이 증가하며, 30대부터 80대 사이에서는 감소하는 추세를 보입니다.

· 가장 큰 하락률은 30대에서 40대 사이였습니다.

모범 답변

35점+

🔊 MP3 6_21

This line graph shows **the percentage of drunk driving arrests by age group. From the graph,** people in their 30s showed the highest **percentage of drunk driving arrests with more than 30%, and** people in their 80s showed the lowest **percentage with almost 0%. The percentage of drunk driving arrests increased from teens to 30s, while it decreased from 30s to 80s. Also,** the biggest drop was **from 30s to 40s.**

이 라인 그래프는 연령대에 따른 음주운전 체포율을 나타냅니다. 그래프에서, 30대는 30% 이상의 수치를 기록하며 가장 높은 음주운전 체포율을 기록했고, 80대는 0%에 가까운 수치를 보이며 가장 낮은 퍼센트를 기록했습니다. 음주운전 체포율은 10대 부터 30대 사이 증가하며, 30대부터 80대 사이에서는 감소하는 추세를 보입니다. 또한, 가장 큰 하락률은 30대에서 40대 사 이였습니다.

필수 패턴

예상 추가 질문 🔊 MP3 6_22

Q Why do you think people in their 30s showed the highest number of drunk driving arrests?
왜 30대가 가장 높은 음주운전 체포율을 보였다고 생각하나요?

Q What is your opinion on driving under the influence?
과음한 상태로 운전하는 것에 대해 어떤 의견을 갖고 있나요?

50점+

🔊 MP3 6_23

This is a line graph that shows **the percentage of drunk driving arrests by age group from teens to people in their 80s.** From the graph, **people in their 30s showed the highest percentage** of drunk driving arrest, while seniors in their 80s showed the lowest percentage. **The second highest age group was people in their 20s with 25%. The percentage of drunk driving arrests continues to rise from teens until the age group of 30s, and continues to drop after showing the biggest plunge in people in their 40s.**

이 라인 그래프는 10대부터 80대 사이의 연령대에 따른 음주운전 체포율을 나타냅니다. 그래프에서, 30대는 가장 높은 음주 운전 체포율을 기록했고, 80대의 노년층은 가장 낮은 비율을 보였습니다. 두 번째로 높은 연령대는 25%를 기록한 20대였습니 다. 10대부터 30대까지 음주운전 체포율은 증가하며, 그 이후로는 40대의 급락에 이어 꾸준히 하락합니다.

필수 패턴

📖 **어휘** drunk driving 음주운전 arrest 체포 increase 증가하다 decrease 감소하다 continue to 계속 ~하다
rise 증가하다, 오르다 plunge 급락

앞서 배운 내용을 활용하여 답변해 보세요.

Q **Please describe the graph in as much detail as you can.**
그래프를 할 수 있는 만큼 자세히 묘사해 주세요.

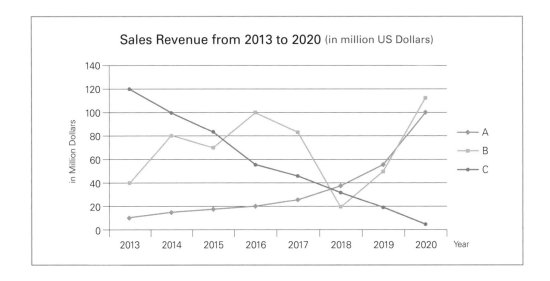

💬 모범 답변

35점+

🔊 MP3 6_24

This is a line graph that shows **the sales revenue of 3 companies from 2013 to 2020.** For Company A, its sales revenue increased from 2013 to 2020 and Company C's sales revenue decreased from 2013 to 2020. Company B's sales revenue was unstable and there was a big drop from 2017 to 2018.

이것은 세 회사의 2013년부터 2020년 사이 판매 수익을 나타내는 라인 그래프입니다. A 회사의 판매 수익은 2013년부터 2020년 사이 증가했고, C 회사의 판매 수익은 동일 기간 하락했습니다. B 회사의 판매 수익은 불안정했고, 2017년에서 2018년 사이 큰 하락을 보였습니다.

필수 패턴

50점+

🔊 MP3 6_25

This is a line graph that shows **the sales revenue of 3 companies from 2013 to 2020.** For Company A, its sales revenue constantly increased from 2013 to 2020, whereas Company C's sales revenue kept on decreasing throughout the period. Company B's sales revenue was the most volatile of all with its sales revenue plunging dramatically from $85 million in 2017 to $21 million in 2018, and more than doubling from $48 million in 2019 to $110 million in 2020.

이것은 세 회사의 2013년부터 2020년 사이 판매 수익을 나타내는 라인 그래프입니다. A 회사의 판매 수익은 2013년부터 2020년 사이 꾸준히 증가한 반면, C 회사의 판매 수익은 동일 기간 내 지속적으로 하락했습니다. B 회사의 판매 수익은 2017년 8,500만 달러에서 2018년 2,100만 달러의 급격한 하락과 2019년 4,800만 달러에서 2020년 1억 1000만 달러로의 2배가 넘는 수치를 기록하며 가장 불안정한 추세를 보였습니다.

필수 패턴

📖 **어휘** sales revenue 판매 수익 unstable 불안정한 constantly 꾸준히 whereas 반면에 keep on -ing 계속 ~하다 throughout ~ 내내 volatile 불안정한 dramatically 급격하게 doubling 배가

UNIT 23 사진 설명하기
묘사하기

사진 묘사는 묘사할 부분을 정확히 정하고, 최대한 상세히 묘사하는 것이 중요합니다. 사진 속에 있는 중심 인물을 묘사할 때에는 현재진행형을 사용해야 합니다.

💬 브레인스토밍

① 장소	② 처음 보이는 대상	③ 중심 인물 특징
• 공원	• 여자 한 명	• 전화 통화 중 • 유모차 미는 중

④ 주변 대상 특징	⑤ 마무리
• 유모차 안 아기 • 가방들	• 즐거운 한 때

장소

- This is a picture of a(an) 장소.

  이것은 ~의 사진입니다.

  This is a picture of a park.

  이것은 공원의 사진입니다.

- This picture was taken in(at) a(an) 장소. ▸ 50점+

  이 사진은 ~에서 찍혔습니다.

  This picture was taken in a park.

  이 사진은 공원에서 찍혔습니다.

처음 보이는 대상 및 주변 대상 묘사

- The first thing I see is   A   . ▸ 50점+

  처음에 보이는 것은 A 입니다.

  The first thing I see is a woman.

  처음에 보이는 것은 한 여자입니다.

- 주어 am(are/is) 동사ing ~.

  주어가 ~하고 있는 중입니다.

  He is giving a presentation.

  그는 발표를 하는 중입니다.

- There is(are)   A   동사ing ~.

  ~하고 있는 A가 있습니다.

  There is a woman talking on the phone.

  전화 통화를 하고 있는 한 여자가 있습니다.

- There is(are)   A   동사p.p ~.

  ~되어 있는 A가 있습니다.

  There are books stacked up on the table.

  테이블 위에 쌓여 있는 책이 있습니다.

마무리

- It seems like 주어 + 동사 ~.

  주어가 ~하고 있는 것 처럼 보입니다.

  It seems like they are busy.

  그들은 바빠 보입니다.

① 장소	**This is a picture of a park.** 이것은 공원의 사진입니다. **This picture was taken in a park.** 이 사진은 공원에서 찍혔습니다.
② 처음 보이는 대상	**a woman** 여자 한 명 woman pushing a stroller •50점+ 유모차를 미는 여자 한 명
③ 중심 인물 특징	**talking on the phone, pushing a stroller** 유모차를 밀며 전화 통화 중 talking on the phone while strolling around the park •50점+ 공원을 산책하며 전화 통화 중
④ 주변 대상 특징	**In the stroller - a baby, three trees in the back** 유모차 안 – 아기, 배경에 나무 세 그루 In the stroller - a baby sleeping, many bags hanging, many trees planted along the path in the back •50점+ 유모차 안 – 잠자고 있는 아기, 걸려있는 많은 가방, 뒤쪽에 길을 따라 심어진 많은 나무
⑤ 마무리	**having a good time** 좋은 시간을 보내는 중 taking a walk while enjoying the beautiful weather •50점+ 좋은 날씨를 즐기며 산책 중

💬 구도잡기

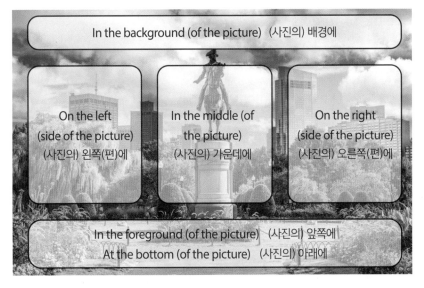

In the background (of the picture) (사진의) 배경에

On the left
(side of the picture)
(사진의) 왼쪽(편)에

In the middle (of
the picture)
(사진의) 가운데에

On the right
(side of the picture)
(사진의) 오른쪽(편)에

In the foreground (of the picture) (사진의) 앞쪽에
At the bottom (of the picture) (사진의) 아래에

사진의 구도를 참고하여 빈칸을 채워 답변을 완성해 보세요.

1 _____ , ____ _____ a statue of a man on a horse.
(사진의) 가운데에, 말 위에 있는 사람의 동상이 보입니다.

2 _____ , _____ _____ trees and flowers.
(사진의) 왼쪽(편)에는 나무와 꽃이 있습니다.

3 _____ , ____ _____ many trees and flowers _____ _____ along
the path.
(사진의) 오른쪽(편)에는 많은 나무와 꽃들이 길을 따라 늘어서 있는 모습이 보입니다.

4 _____ , _____ _____ many buildings.
(사진의) 배경에는 건물이 많이 있습니다.

5 _____ , _____ _____ a walkway that leads up to the statue.
(사진의) 앞쪽에 동상으로 이어지는 산책로가 있습니다.

💬 정답
1 In the middle (of the picture), I see
2 On the left (side of the picture), there are
3 On the right (side of the picture), I see, lined up
4 In the background (of the picture), there are
5 In the foreground (of the picture), there is

Please describe the picture.
사진을 묘사해 주세요.

브레인스토밍

① 사무실
② 남자 한 명
③ 발표 중, 안경
④ 4명, 앉아있음
⑤ 바빠 보임, 회의중

💬 필수 패턴 적용

① 장소	**This is a picture of an office.** 이것은 사무실의 사진입니다. **This picture was taken in an office.** 이 사진은 사무실에서 찍혔습니다.
② 처음 보이는 대상	**a man standing next to a board** 보드 옆에 서있는 한 남자
③ 중심 인물 특징	**wearing glasses** 안경을 씀 giving a presentation while answering questions •50점+ 질문에 답변하며 발표를 하는 중
④ 주변 대상 특징	**4 people sitting around the table** 테이블 주위에 앉아있는 4명의 사람들 **a woman - raising her hand** 한 여자 – 손을 들고 있는 중 on the table, some books stacked up, a cup placed •50점+ 테이블 위에는 쌓여있는 책들, 놓여있는 컵
⑤ 마무리	**they are busy** 바쁨 they are busy having a meeting •50점+ 회의를 하느라 바쁨

🔊 MP3 6_26

35점+

This is a picture of **an office.** On the right, there is **a man, and he is standing next to a board. He is wearing glasses and giving a presentation.** In front of him, there are **4 people sitting around the table. A woman is raising her hand.** Overall, it seems like **they are busy.**

이것은 사무실의 사진입니다. 오른쪽에, 한 남자가 보드 옆에 서있습니다. 그는 안경을 썼으며 발표를 하는 중입니다. 그의 앞에, 테이블 주위에 앉아있는 4명의 사람들이 있습니다. 한 여자는 손을 들고 있습니다. 전체적으로, 그들은 바빠 보입니다.

필수 패턴

🔊 MP3 6_27

50점+

This picture was taken in **an office.** The first thing I see is **a man who is wearing glasses standing right next to a board on the right.** He seems to **be giving a presentation while answering questions.** In front of him, there are **4 other people sitting around the table,** and one of them is raising her hand to ask a question. On the table, I see **some books stacked up and a cup placed on the table.** In the back, I see **many big windows with a lot of sunshine coming in.** Overall, it seems like **they are busy having a meeting.**

이 사진은 사무실에서 찍혔습니다. 처음에 보이는 것은 안경을 쓰고 보드 옆에 서있는 오른쪽의 한 남자입니다. 그는 질문에 답변을 하며 발표를 하는 중인 것 같습니다. 그의 앞에, 테이블 주위에 앉아있는 4명의 사람들이 있고, 그 중 한 명은 질문을 하기 위해 그녀의 손을 들고 있습니다. 테이블 위에는, 쌓여있는 책들과 테이블 위에 놓인 컵이 보입니다. 배경에는, 많은 햇살이 들어오고 있는 큰 창문이 많이 보입니다. 전체적으로, 그들은 회의를 하느라 바빠 보입니다.

필수 패턴

📖 **어휘** next to ~의 옆에　wear (옷, 모자, 신발 등을) 입고/쓰고/신고 있다　give a presentation 발표를 하다
around ~의 주위에　raise 들어올리다, 올리다, 들다　overall 전체적으로　it seems like ~인 것 같다
while -ing ~하면서　stack up 쌓이다　a lot of 많은

☞ **송쌤의 꿀팁**

▸ This is a picture of 장소 는 this is a picture taken in/at 장소 라고 다르게 말할 수도 있어요.

Please describe the picture.
사진을 묘사해 주세요.

브레인스토밍

① 레스토랑

② 웨이트리스 한 명

③ 음식 서빙, 검은 앞치마

④ 3명, 앉아 있음
   와인 잔 들고 있음

⑤ 즐거운 시간

필수 패턴 적용

① 장소	**This is a picture of a restaurant.** 이것은 레스토랑의 사진입니다. **This picture was taken in a restaurant.** 이 사진은 레스토랑에서 찍혔습니다.
② 처음 보이는 대상	**On the right, a waitress** 오른쪽, 웨이트리스 a woman who looks like a waitress ← 50점+ 웨이트리스처럼 보이는 한 여자
③ 중심 인물 특징	**wearing a black apron, serving a dish** 검은색 앞치마를 두르고, 음식을 서빙하는 중 bending over to serve a dish while holding a tray with her other hand ← 50점+ 한 손에는 쟁반을 들고 음식을 서빙하기 위해 몸을 숙이는 중
④ 주변 대상 특징	**three people sitting** 앉아있는 3명의 사람들 **a man - holding a glass of wine** 한 남자 – 와인 잔을 들고 있는 중
⑤ 마무리	**having fun** 즐거운 시간을 보내는 중

💬 **모범 답변**

35점+

MP3 6_28

This is a picture of **a restaurant**. On the right, there is **a waitress**. She is wearing a black apron, and she is serving a dish. In the middle, there are **three people sitting**, and a man is holding a glass of wine. Overall, it looks like **they are having fun while having some food at a restaurant**.

이것은 레스토랑의 사진입니다. 오른쪽에, 웨이트리스가 있습니다. 그녀는 검은색 앞치마를 두르고 음식을 서빙하는 중입니다. 중간에, 3명의 사람들이 앉아있고, 한 남자는 와인잔을 들고 있습니다. 전체적으로, 그들이 레스토랑에서 음식을 먹으며 좋은 시간을 보내고 있는 것 같습니다.

필수 패턴

50점+

MP3 6_29

This picture was taken in **a restaurant**. The first thing I see is **a woman who looks like a waitress on the right**. She is wearing a black apron, and she is bending over to serve a dish while **holding a tray with her other hand**. Next to her, there is a group of friends sitting at a table, and a man is holding a glass of wine. I guess he seems to **be about to drink it**. On the table, I see **a couple of bottles of sauce and dishes**.

이 사진은 레스토랑에서 찍혔습니다. 처음에 보이는 것은 웨이트리스처럼 보이는 오른쪽의 한 여자입니다. 그녀는 검은색 앞치마를 두르고 있고, 한 손에는 쟁반을 들고 음식을 서빙하기 위해 몸을 숙이고 있습니다. 그녀의 옆에, 테이블에 앉아있는 친구들 그룹이 있고, 한 남자는 와인잔을 들고 있습니다. 그가 이제 막 그 와인을 마시려고 하는 것 같습니다. 테이블 위에는, 몇 개의 소스 병과 요리가 보입니다.

필수 패턴

📖 **어휘** serve (음식을 상에) 차려주다   a glass of ~ 한 잔   bend over 몸을 ~위로 굽히다   a group of 한 무리의
be about to 막 ~하려고 하다   a couple of 몇 개의

🔧 송쌤의 **꿀팁**

▸ 첫번째로 보이는 대상에 대해 설명할 때, what I (can) see first is 대상 으로 표현할 수도 있으니, 참고해주세요.

CHAPTER 6

그래프 묘사하기 & 사진 설명하기

앞서 배운 내용을 활용하여 답변해 보세요.

Q Please describe this picture.
사진을 묘사해 주세요.

35점+

🔊 MP3 6_30

This is a picture of **a street**. On the right, I see **2 men and** I guess they are **busking**. In the middle, **a family is enjoying their performance**. On the left, there are **many people walking on the street**.

이것은 거리의 사진입니다. 오른쪽에는, 2명의 남자가 보이고 그들은 버스킹을 하는 중인 것 같습니다. 중간에, 한 가족이 그들의 공연을 즐기고 있습니다. 왼쪽에는 거리를 걸어가는 많은 사람들이 있습니다.

필수 패턴

50점+

🔊 MP3 6_31

It seems like this picture was taken **on a street**. On the right, I see **2 men, and one of them is playing the violin** while the other one is playing the cello. It seems like they are busking. In the center, a family with a baby in a stroller is enjoying their performance. On the left, there are **many people walking on the street, and** it looks like everyone came out to enjoy a festival that is currently being held. Overall, it seems like everyone is having a great time.

이 사진은 거리에서 찍힌 것 같습니다. 오른쪽에, 2명의 남자가 보이고 그들 중 한 명은 바이올린을 연주하며, 다른 한 명은 첼로를 연주하고 있습니다. 그들이 버스킹을 하는 것 같아 보입니다. 가운데에는, 유모차에 앉아 있는 아이와 함께 있는 한 가족이 그들의 공연을 즐기고 있습니다. 왼쪽에는 거리를 걸어가는 많은 사람들이 있고, 현재 진행되는 페스티벌을 즐기려 모두가 외출한 것 같아 보입니다. 전체적으로, 모든 사람들이 좋은 시간을 보내는 중인 것 같습니다.

필수 패턴

📖 **어휘** busk 길거리에서 연주하다 performance 공연 stroller 유모차 currently 지금, 현재

UNIT 24

사진 설명하기
비교하기

사진 설명(비교)은 주로 총 두 개의 사진이 주어지며, 각 사진의 단순 묘사뿐 아니라 두 사진을 비교 및 대조를 요구하는 문제입니다. 더 나아가, 둘 중 선호하는 바가 무엇인지, 혹은 장단점은 무엇인지 묻기도 합니다.

💬 브레인스토밍

❶ 공통점 찾기
- 회의 중

➡

❷ 왼쪽 사진 특징
- 화상 회의

➡

❸ 왼쪽 사진 장/단점
- 편리함, 효율적

➡

❹ 오른쪽 사진 특징
- 회의실에서 회의

➡

❺ 오른쪽 사진 장/단점
- 즉각적인 피드백

- **Both pictures show(depict)** ⬚ A ⬚ .

  두 사진은 A를 보여줍니다(묘사합니다).

  Both pictures show(depict) people having a meeting.
  두 사진은 회의하고 있는 사람들을 보여줍니다(묘사합니다).

- **In the picture on the right(left), 주어 am(are/is) 동사ing ~ .**

  사진의 오른쪽(왼쪽)에는, 주어가 ~하고 있는 중입니다.

  In the picture on the right, people are having a meeting in a room.
  사진의 오른쪽에는, 사람들이 회의실에서 회의를 하고 있습니다.

  In the picture on the left, people are having an online meeting.
  사진의 왼쪽에는, 사람들이 온라인 회의를 하고 있습니다.

- **I see** ⬚ A ⬚ **동사 p.p ~ .**

  ~되어 있는 A가 보입니다.

  In the picture on the right, I see some books stacked up on the table.
  사진의 오른쪽에는, 테이블 위에 쌓여 있는 책이 보입니다.

- ⬚ A ⬚ **look(s) 형용사 .**

  A는 ~해 보입니다.

  It looks healthy.
  건강에 좋아 보입니다.

- **Contrary to** ⬚ A ⬚ **,**

  A와는 반대로,

  Contrary to video conferences, there is no need to worry about network problems.
  화상 회의와는 대조적으로, 네트워크 문제를 우려할 필요가 없습니다.

- **Compared to** ⬚ A ⬚ **,**

  A와 비교하면,

  Compared to the bibimbap on the left, it looks less healthy since there are fewer vegetables in it.
  왼쪽의 비빔밥과 비교하면, 채소가 더 적게 들어 있어서 덜 건강해 보입니다.

① 공통점 찾기	people having a meeting
	회의 중인 사람들

② 왼쪽 사진 특징	people - having a video conference - talking to a man on the monitor
	사람들 – 화상 회의 중 – 모니터의 한 남자에게 말하는 중
	one of the participants - joining the meeting through a webcam • 50점+
	회의 참가자 중 한 명 – 화상 카메라로 회의에 참여 중

③ 왼쪽 사진 장/단점	a very convenient and efficient way to have a meeting
	회의를 하기에 아주 편리하고 효율적인 방법
	makes it possible for people to have a meeting even if someone is not present • 50점+
	누군가가 부재중이더라도 사람들이 회의 가능

④ 오른쪽 사진 특징	having a meeting in a conference room
	회의실에서 회의 중

⑤ 오른쪽 사진 장/단점	share their opinions and receive feedback right away
	서로 의견을 공유하고 바로 피드백 수렴
	no need to worry about network problems • 50점+
	네트워크 연결 문제에 대해 걱정할 필요 없음

💬 **필수 패턴 적용 연습**

앞서 배운 필수 패턴과 핵심 표현을 참고하여 빈칸을 채워 답변을 완성해 보세요.

1 _____ _____ _____ people have a meeting.
   두 사진은 회의하고 있는 사람들을 보여줍니다(묘사합니다).

2 _____ _____ _____ _____ _____ _____, people are having a
   video conference.
   사진의 왼쪽에는, 사람들이 온라인 회의를 하고 있습니다.

3 _____ _____ _____ _____ _____, people are having a
   meeting in a room.
   사진의 오른쪽에는, 사람들이 회의실에서 회의를 하고 있습니다.

4 _____ _____ a very convenient and efficient way to have a meeting.
   그것은 회의를 하기에 아주 편리하고 효율적인 방법입니다.

5 _____ _____ _____ _____, there is no
   need to worry about network problems.
   온라인 회의와는 반대로, 네트워크 연결 문제에 대해 걱정할 필요가 없습니다.

정답
   1 Both pictures depict(show)
   2 In the picture on the left
   3 In the picture on the right
   4 It looks
   5 Contrary to video conference

Question

Please compare these two pictures.
두 사진을 비교해 주세요.

브레인스토밍

① 지역 대표 음식, 맛있어 보임

② 비빔밥, 전통 음식

③ 야채 많음, 건강해 보임

④ 파스타

⑤ 덜 건강해 보임

💬 필수 패턴 적용

① 공통점 찾기	**depict(show) the national food, look delicious** 나라의 대표적인 음식 묘사, 맛있어 보임 food from different parts of the world •50점+ 세계 다양한 곳의 음식
② 왼쪽 사진 특징	**Bibimbap, Korean traditional food** 비빔밥, 한국 전통 음식 one of Korea's traditional foods, 'mixed rice' in Korean •50점+ 한국 전통 음식 중 하나인 비빔밥, 한국어로 비벼진 밥
③ 왼쪽 사진 장/단점	**many vegetables, looks healthy** 야채가 많음, 건강해 보임 composed of various vegetables •50점+ 다양한 야채로 구성됨 considered healthy •50점+ 건강하다고 여겨짐
④ 오른쪽 사진 특징	**a pasta** 파스타
⑤ 오른쪽 사진 장/단점	**only noodles with sauce, looks less healthy** 면과 소스 밖에 없음, 덜 건강해 보임 fewer vegetables in it •50점+ 야채가 덜 들어가 있음

💬 모범 답변

35점⁺

Both pictures depict(show) food from different countries, and both look delicious. On the left, there is bibimbap, and it is a Korean traditional food. It has many vegetables and an egg, so it looks healthy. On the right, there is pasta. There are only noodles with sauce, so it looks less healthy.

두 사진은 다양한 나라의 음식을 보여주고, 모두 맛있어 보입니다. 왼쪽에는, 한국의 전통 음식인 비빔밥이 있습니다. 많은 야채와 계란이 들어있어서 건강에 좋아 보입니다. 오른쪽에는, 파스타가 있습니다. 면과 소스 밖에 없어서 덜 건강해 보입니다.

필수 패턴

50점⁺

Both pictures show food from different parts of the world, and both of them look very tasty. On the left, there is a picture of bibimbap, which means 'mixed rice' in Korean. It is composed of various vegetables, which are considered healthy. On the right, there is a picture of pasta. Compared to bibimbap on the left side, it looks less healthy since there are fewer vegetables in it.

두 사진은 세계 다양한 곳의 음식을 보여주고, 모두 아주 맛있어 보입니다. 왼쪽에는, 한국어로 '비벼진 밥'이라는 뜻을 가진 비빔밥이 있습니다. 다양한 야채로 구성되어 있고, 건강해 보입니다. 오른쪽에는, 파스타의 사진이 있습니다. 왼쪽의 비빔밥과 비교하면, 야채가 덜 들어가 있어서 덜 건강해 보입니다.

필수 패턴

📕 **어휘** depict 보여주다, 묘사하다　healthy 건강에 좋은, 건강한　traditional 전통적인　be composed of ~로 구성되다　compared to ~와 비교하여

🖐 송쌤의 꿀팁

▸ 동사 look 은 보다 가 아닌, 보이다 의 뜻으로 사용됩니다. 한가지 주의할 점은, look + 형용사, look like + 명사 라는 점입니다. 꼭 주의하세요.

Question

Please compare these two pictures.
두 사진을 비교해 주세요.

브레인스토밍

① 다른 방식 학습
② 여자 한 명, 온라인 수업
③ 효율적, 강의 반복
④ 많은 학생, 선생님, 수업중
⑤ 빠른 피드백, 상호작용

🗨 필수 패턴 적용

① 공통점 찾기	**different ways of studying** 다른 방식의 학습 방법
② 왼쪽 사진 특징	**only one woman taking an online class** 온라인 수업을 듣는 한 명의 여자
③ 왼쪽 사진 장/단점	**efficient - repeat the lecture many times** 효율적임 – 강의 반복 가능 many benefits such as not being bothered, 방해받지 않는 등의 많은 장점 repeating the lecture until I fully understand the lecture ●50점+ 강의를 충분히 이해할 때까지 반복 가능
④ 오른쪽 사진 특징	**many students and a teacher having a class** 많은 학생들과 선생님이 수업 중
⑤ 오른쪽 사진 장/단점	**get feedback from the teacher quickly** 선생님에게 빠른 피드백을 받음 interact with the teacher directly - have a better understanding of the subject ●50점+ 선생님과 바로 상호작용 – 주제에 대한 더 깊은 이해

35점⁺ 🔊 MP3 6_34

Both pictures show **a different way of studying**. On the left, there is **only one woman taking an online class**. It is very efficient because I can repeat the lecture many times. On the right, there are **many students and a teacher having a class**. This way, we can get feedback from the teacher quickly.

두 사진은 다른 학습 방법을 보여줍니다. 왼쪽에는, 온라인 수업을 듣고 있는 한 여자가 있습니다. 강의를 반복해서 들을 수 있기 때문에 아주 효율적입니다. 오른쪽에는, 수업 중인 많은 학생들과 선생님이 있습니다. 이 경우에는, 선생님으로부터 빠른 피드백을 받을 수 있습니다.

필수 패턴

50점⁺ 🔊 MP3 6_35

Both pictures show **how students study in different ways**. On the left, I see **just one student taking an online lecture alone in her own room**. Taking online lectures has many benefits such as not being bothered by other students and being able to repeat the lecture until students fully understand it. On the right, I see **many students sitting and a teacher standing at the front**. I guess they are in class. This way, students can interact with the teacher directly so that they can have a better understanding of the subject that they are learning.

두 사진은 학생들이 어떻게 다른 방법으로 학습하는지를 보여줍니다. 왼쪽에는, 그녀의 방에서 혼자 온라인 강의를 듣고 있는 학생 한 명이 보입니다. 온라인 강의를 듣는 것은 다른 학생들로부터 방해를 받지 않고 강의를 충분히 이해할 때까지 반복할 수 있는 등의 많은 장점을 갖고 있습니다. 오른쪽에는, 앉아있는 많은 학생들과 앞쪽에 서있는 선생님이 보입니다. 그들은 수업 중인 것 같습니다. 이 경우에는, 학생들이 학습하고 있는 주제에 대해 깊은 이해가 이루어지도록 선생님과 직접적인 상호작용을 할 수 있습니다.

필수 패턴

📖 **어휘** efficient 효율적인 repeat 반복하다, 되풀이하다 bother 신경 쓰이게 하다 interact with ~와 상호작용을 하다
directly 직접적으로 subject 주제

🔧 **송쌤의 꿀팁**

▸ ~한 방법/방식으로 라고 말할 때에 way는 전치사 in 과 함께 쓰인다는 점 꼭 기억해주세요.
▸ have a better understanding of/about A 는 A에 대해 더 잘 알게 되다 라는 표현입니다. 자주 사용할 수 있으니 꼭 기억해주세요.

앞서 배운 내용을 활용하여 답변해 보세요.

> **Q Please compare these two pictures.**
> 두 사진을 비교해 주세요.

💬 모범 답변

🔊 MP3 6_36

35점+

Both pictures represent **two different types of public transportation**. There is a train in the picture on the left, **and** there is **a bus** in the picture on the right. **Both are very popular public transportation methods people use when they commute.** One difference is that **there's no traffic on the train system.**

두 사진은 두 가지의 다른 대중교통 수단을 보여줍니다. 왼쪽의 사진에는 기차가 있고, 오른쪽의 사진에는 버스가 있습니다. 두 가지 모두 아주 많은 사람들이 출퇴근 시 이용하는 대중교통 수단입니다. 한 가지 다른 점이 있다면 기차 시스템에는 교통체증이 없다는 점입니다.

필수 패턴

🔊 MP3 6_37

50점+

Both pictures show **two different types of public transportation. On the left, there is a train that is approaching a station platform, while** there is a bus that is about to leave the bus station on the right. Both are very popular and the most favored means of public transportation when it comes to commuting in Korea. One of the differences is that **trains are more likely to shuttle people to their destination at an estimated time than buses do because there's no traffic.**

두 사진은 두 가지의 다른 대중교통 수단을 보여줍니다. 왼쪽에는 승강장으로 들어오고 있는 기차가 있고, 오른쪽에는 이제 막 정류장을 출발하려는 버스가 있습니다. 두 가지 모두 한국에서 출퇴근 시 아주 많은 사람들이 이용하고 선호하는 대중교통 수단입니다. 다른 점 중 하나는 교통체증이 없기 때문에 지하철은 버스보다 승객들을 예상(도착) 시간에 맞게 목적지로 이동시킬 수 있다는 점입니다.

필수 패턴

📝 **어휘** public transportation 대중교통 popular 대중적인, 많은 사람들이 공유하는 method 수단 commute 통근하다, 출퇴근하다 traffic 교통(량) approach 다가가다, 다가오다 favored 인기 있는, 선호하는 means 수단 when it comes to ~에 관한 한, ~에 관해서라면 shuttle (두 장소 사이로 사람들을 정기적으로) 실어 나르다 estimated time 예정 시간

UNIT 25 사진 설명하기
선호하는 것 고르기

사진 선호 문제는 보통 총 2개 혹은 4개의 사진이 주어지며, 단순히 그 중 가장 선호하는 것을 골라 대답하는 문제입니다. 주어진 사진들에 대한 묘사를 할 필요 없으나, 선호하는 이유를 더 폭넓은 어휘나 문장을 사용하여 이야기해야 합니다.

🗨 브레인스토밍

❶ 선호하는 것	❷ 이유 있음	❸ 이유 1
• 헬스장 선호	• 몇 가지 이유 있음	• 날씨 영향받지 않음

❹ 이유 2	❺ 이유 3/마무리
• 샤워룸이 있음	• 다양한 프로그램 제공

💬 필수 패턴

- **I prefer 명사1 to 명사2.**

  저는 명사2 보다 명사1 을 선호합니다.

  I prefer hiking to swimming.
  저는 수영보다 하이킹을 선호합니다.

- **I'd prefer to 동사1 rather than to 동사2.** `• 50점+`

  저는 동사 2 하기보다 동사 1 하기를 선호합니다.

  I'd prefer to go climbing rather than to go to the beach.
  저는 바다에 가기보다 등산하는 것을 선호합니다.

  I'd prefer to eat out rather than to eat at home.
  저는 집에서 식사하기보다 외식하는 것을 선호합니다.

- **I'm the type of person who 동사.** `• 50점+`

  저는 ~하는 편입니다.

  I'm the type of person who enjoys doing outdoor activities.
  저는 야외활동 하는 것을 즐기는 편입니다.

  I'm not the type of person who likes to do things with other people.
  저는 다른 사람들과 같이 일하는 것을 좋아하지 않는 편입니다.

- **Out of all (of them), I like A the most.**

  모든 (것들) 중에서, 저는 A를 가장 좋아합니다.

  Out of all (of them), I like hiking the most.
  모든 것들 중에서, 저는 하이킹을 가장 좋아합니다.

- **There are a couple of(a few) reasons why I prefer A .**

  제가 A를 선호하는 이유가 몇 가지 있습니다.

  There are a few reasons why I prefer hiking.
  제가 하이킹을 선호하는 이유가 몇 가지 있습니다.

- **These are the reasons why I prefer(like) to 동사.**

  이것들이 제가 ~하기를 선호(좋아)하는 이유들입니다.

  These are the reasons why I prefer to stay at home during my vacation.
  이것들이 제가 휴가 동안 집에 있는 걸 선호하는 이유들입니다.

CHAPTER 6

그래프 묘사하기 & 사진 설명하기

① 선호 하는 것	**prefer working out** 운동 선호 (헬스장 선호)
② 이유 있음	**a couple of reasons for it** 몇 가지 이유가 있음
③ 이유1	**don't have to care about the weather** 날씨를 신경쓰지 않아도 됨 go to the gym no matter what the weather is like　•50점+ 날씨에 관계없이 헬스장에 갈 수 있음
④ 이유2	**offer shower rooms - take a shower after working out** 샤워룸 구비 – 운동 후 샤워를 함
⑤ 이유3/ 마무리	**These are the reasons.** 이러한 이유들임 offer various programs - help me to stay in shape more efficiently　•50점+ 다양한 프로그램 제공 – 더 효율적으로 건강을 유지할 수 있음

앞서 배운 필수 패턴과 핵심 표현을 참고하여 빈칸을 채워 답변을 완성해 보세요.

1 _____ _____ working out _____ hiking.

저는 하이킹보다 운동(헬스장)을 선호합니다.

2 _____ _____ _____ work out _____ _____ _____ go hiking.

저는 하이킹을 가는 것 보다 운동 하는 것을 선호합니다.

3 _____ _____ _____ _____ _____ enjoys doing outdoor activities.

저는 야외활동 하는 것을 즐기지 않는 편입니다.

4 _____ _____ a couple of reasons _____ _____ _____ working out.

제가 운동을 선호하는 이유에는 몇 가지가 있습니다.

5 _____ _____ _____ _____ care about the weather.

저는 날씨를 신경 쓰지 않아도 됩니다.

6 _____ _____ _____ _____ go to the gym no matter what the weather is like.

날씨에 관계없이 제가 헬스장에 갈 수 있게 해줍니다.

정답
1 I prefer, to
2 I'd prefer to, rather than to
3 I'm not the person who
4 There are, why I prefer
5 I don't have to
6 It allows me to

Which activity do you prefer?
당신은 어떤 활동을 선호하나요?

브레인스토밍

① 하이킹 가장 좋아함
② 이유 있음
③ 맑은 공기
④ 사람들과 대화
⑤ 정상 오르면 기분 좋음

💬 필수 패턴 적용

① 선호 하는 것	**Out of all, hiking** 모든 선택지 중, 하이킹을 좋아함
② 이유 있음	**a few reasons for it** 몇 가지 이유가 있음
③ 이유1	**get some fresh air when hiking** 하이킹을 하며 맑은 공기를 마실 수 있음 allow me to breathe fresh air ←•50점+ 맑은 공기를 마시도록 함
④ 이유2	**have a conversation with other people while hiking** 하이킹을 하며 다른 사람들과 대화할 수 있음 catch up on things that we've missed in our lives by having a conversation while hiking ←•50점+ 하이킹을 할 때 그동안 못했던 대화를 하며 근황을 나눌 수 있음
⑤ 이유3/ 마무리	**like the feeling when I reach the top of the mountain** 산의 정상에 올랐을 때 기분 좋음 the feeling of achievement is beyond words ←•50점+ 성취감은 이루 말할 수 없음

💬 **모범 답변**

35점⁺

🔊 MP3 6_38

Out of all, I like **hiking** the most. First, I can get some fresh air when I go hiking. Also, I like to have a conversation with other people while hiking. Lastly, I like the feeling when I reach the top of the mountain.

모든 선택지 중, 저는 하이킹을 가장 좋아합니다. 첫째로, 하이킹을 할 때는 맑은 공기를 마실 수 있습니다. 또한, 하이킹을 하며 다른 사람들과 대화하는 것을 좋아합니다. 마지막으로, 산의 정상에 올랐을 때의 느낌을 좋아합니다.

필수 패턴

50점⁺

🔊 MP3 6_39

Out of all the activities, I prefer **hiking** to the other exercises for a few reasons. First, it allows me to enjoy the beautiful nature, which varies from season to season, and to breathe fresh air. Also, it's one of the most enjoyable ways to maintain a good relationship with people because we can catch up on things that we've missed in our lives by having a conversation while hiking. Lastly, the feeling of achievement when I reach the top of the mountain is beyond words.

모든 활동 중, 저는 몇 가지 이유로 하이킹을 다른 운동보다 선호합니다. 첫째로, 하이킹은 제가 계절마다 달라지는 아름다운 자연을 즐기도록 하고, 맑은 공기를 마시게 합니다. 또한, 사람들과 좋은 관계를 유지하는 즐거운 방법 중 한가지인데, 하이킹을 할 때 그동안 못했던 대화를 하며 근황을 나눌 수 있기 때문입니다. 마지막으로, 산의 정상에 올랐을 때의 성취감은 이루 말할 수 없습니다.

필수 패턴

📖 **어휘** **have a conversation with** ~와 대화하다 **reach** ~에 이르다, 도달하다 **allow A to B** A가 B하는 것을 가능하게 하다 **vary from** ~마다 다르다, ~에 따라 다르다 **maintain** 유지하다 **catch up on** 밀린 ~를 하다 **achievement** 성취, 달성 **beyond words** 더 말할 나위 없이, 말로 다 표현할 수 없는

🔧 **송쌤의 꿀팁**

▸ breathe 와 breath 의 발음 과 사용법을 정확히 아셔야 해요! breathe는 동사 로 숨을 쉬다 이며, breath 는 숨 으로 명사로 쓰입니다. breathe [브리-th으] breath [브뤠-th] 발음도 정확히 알아 주세요!

▸ A is beyond words 는 A는 언어로 표현할 수 없을 만큼 대단하다 의 뜻을 가진 표현입니다. 꼭 기억해주세요.

CHAPTER 6 그래프 묘사하기 & 사진 설명하기

Question

Which one do you prefer when you take notes?
메모할 때 어떤 것을 선호하나요?

브레인스토밍

① 태블릿 PC 선호
② 이유 있음
③ 메모 잃을 걱정 안 해도 됨
④ 동시에 녹음도 가능
⑤ 이래서 선호

💬 필수 패턴 적용

① 선호 하는 것	a tablet PC 태블릿 PC
② 이유 있음	a couple of reasons for it 몇 가지 이유가 있음
③ 이유1	don't have to worry about losing my notes - save them to my cloud system 메모를 잃어버릴 걱정을 하지 않아도 됨 – 클라우드 시스템에 저장 no way to back up my notes in my notebook ·• 50점+ 노트북에는 메모를 백업해 놓을 방법이 없음
④ 이유2	record audio while writing down my notes at the same time 메모를 하며 동시에 소리도 녹음함 for a regular notebook - carry a separate audio recorder to do so ·• 50점+ 일반적인 노트북 – 이를 위해 별개의 녹음기를 갖고 다녀야 함
⑤ 이유3/ 마무리	These are the reasons. 이러한 이유임

35점+

🔊 MP3 6_40

I prefer a tablet PC. First, I don't have to worry about losing my notes because I can save them to my cloud system. Also, I can record audio while writing down my notes with a tablet PC.

저는 태블릿 PC를 선호합니다. 첫째로, 클라우드 시스템에 저장할 수 있기 때문에 메모를 잃어버릴 걱정을 하지 않아도 됩니다. 또한, 태블릿 PC를 사용하여 메모를 할 때 소리도 녹음할 수 있습니다.

필수 패턴

50점+

🔊 MP3 6_41

I prefer to take notes on a tablet PC rather than a notebook for a few reasons. First, I can save and back up all of my notes into my cloud storage, so I don't have to worry about losing my data. This is a huge advantage because there is no way to back up my notes in my notebook. Also, I can record audio while taking notes on my tablet PC, which is a useful function. On the other hand, for a regular notebook, I would have to carry a separate audio recorder to do the same.

저는 몇 가지 이유로 메모를 할 때 노트북보다는 태블릿 PC를 선호합니다. 첫째로, 저는 클라우드 저장 공간에 메모를 저장하고 백업해 놓을 수 있습니다. 이를 통해 정보를 잃어버릴 걱정을 하지 않아도 됩니다. 이것은 아주 큰 장점으로 작용하는데, 노트북에는 메모를 백업할 방법이 없기 때문입니다. 또한, 태블릿 PC를 사용해서 메모를 작성하며 소리도 녹음할 수 있는데, 이것은 아주 유용한 기능입니다. 반면에, 일반적인 노트북을 사용하면 같은 기능을 위해 별개의 녹음기를 갖고 다녀야 합니다.

필수 패턴

📖 **어휘** lose 잃어버리다 save 저장하다 record 녹음하다 rather than ~보다는 storage 저장 공간 huge 엄청난, 큰 advantage 장점 function 기능 regular 일반적인, 보통의 carry 휴대하다, 가지고 다니다 separate 별개의

🔧 **송쌤의 꿀팁**

▸ 메모하다, 기록하다 라고 할 때에는 take notes 라고 해요! 꼭 기억해주세요.

앞서 배운 내용을 활용하여 답변해 보세요.

> **Q** **Which of the ways do you prefer to spend your holiday?**
> 휴가를 보낼 때 어떤 방법을 선호하나요?

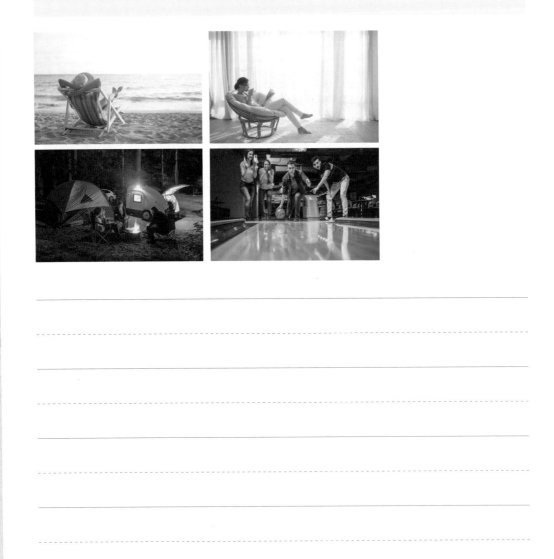

_____

_____

_____

_____

_____

_____

35점+
🔊MP3 6_42

I prefer to go to the beach. First of all, I don't enjoy activities a lot. So, lying on a chair while enjoying the beach is a good way to relieve my stress. Second, I like to spend my time outside rather than inside because I can get some fresh air.

저는 바닷가에 가는 것을 선호합니다. 첫째로, 저는 활동을 즐겨하지 않습니다. 그래서 바다를 즐기며 의자에 누워있는 것은 스트레스를 풀기에 좋은 방법입니다. 둘째로, 맑은 공기를 마실 수 있기 때문에 저는 실내보다 야외에서 시간을 보내는 것을 좋아합니다.

필수 패턴

50점+
🔊MP3 6_43

Out of all the vacation activities, I would go to the beach rather than do all of the other activities for a few reasons. First of all, I am not the type of person who enjoys physical activities that much. Therefore, lying down on a sunbed and looking at the waves would be the best way for me to relieve my stress and fully enjoy my vacation. Moreover, as a person who prefers spending my time outside instead of staying inside, I enjoy going to the beach to get some fresh air.

모든 휴가 활동 중, 저는 몇 가지 이유로 나머지 활동을 하기보다는 바닷가에 갈 것입니다. 첫째로, 저는 신체 활동을 많이 좋아하는 편이 아닙니다. 따라서 선베드에 누워 파도를 바라보는 것이 저에게는 스트레스를 풀고 휴가를 충분히 즐기기 위한 최고의 방법입니다. 추가로, 실내에 머무는 것보다 야외에서 시간 보내는 것을 좋아하는 사람으로서, 저는 맑은 공기를 얻기 위해 바닷가에 가는 것을 좋아합니다.

필수 패턴

📖 **어휘** lying (down) on ~에 누워서　relieve one's stress ~의 스트레스를 해소하다　type of person ~한 종류의 사람, ~한 편인　physical activities 신체 활동　instead of ~ 대신에

UNIT 26

사진 설명하기
물건 팔기

물건 팔기는 주어진 물건의 판매자가 되어 물건을 파는 상황극입니다. 물건의 장점을 한 두가지 빠르게 파악한 후, 관련 어휘와 패턴을 사용하면 어렵지 않게 해낼 수 있습니다. 물건 팔기 유형의 문제는 인사 - 권유 문구 - 장점 1 - 장점 2 - 장점3/마무리 의 답변 순서를 지켜 답변하는 연습을 한다면 어렵지 않게 답변할 수 있습니다.

💬 브레인스토밍

① 인사	**thanks for giving me a chance** 기회를 줘서 고마움	
② 권유 문구	**these are the perfect headphones** 완벽한 이어폰임	
③ 장점1	**convenient to use** 사용하기 편리함	
④ 장점2	**light** 가벼움	
⑤ 장점3/ 마무리	**do not miss this chance** 이 기회를 놓치면 안됨	

💬 **필수 패턴**

인사

- Thanks for giving me the chance to introduce ___A___ to you.
  A를 소개할 기회를 주셔서 감사합니다.

- I really appreciate you giving me the chance to introduce ___A___ to you. ◄•50점+
  A를 소개할 기회를 주셔서 정말 감사합니다.

- It is my honor to show(present) ___A___ to you.
  A를 보여드리게 되어 영광입니다.

권유 문구

- If you're looking for ___A___ (to 동사), this is the perfect product for you.
  ~할 A를 찾고 계신다면, 이 상품이 당신에게 완벽할 것입니다(제격입니다).

  If you're looking for a new phone, this is the perfect product for you.
  새 휴대폰을 찾고 계신다면, 이 상품이 당신에게 제격입니다.

이유

- It is 형용사 to 동사.
  이것은 ~하기에 ~합니다 .

  It is easy to carry.
  이것은 휴대하기 쉽습니다.

- It is so 형용사 that 주어 + 동사 . ◄•50점+
  이것은 매우 ~해서 주어가 ~합니다.

  It is so compact that it can fit into anywhere.
  이것은 매우 작아서 어디에도 들어갈 수 있습니다.

- All you have to do is just 동사. ◄•50점+
  ~하기만 하면 됩니다.

  All you have to do is just insert a capsule and wait for it.
  캡슐을 넣고 기다리기만 하면 됩니다.

마무리

- Do not hesitate to 동사. ◄•50점+
  ~하기를 망설이지 마세요.

  Do not hesitate to buy this product.
  이 제품 사는 것을 망설이지 마세요.

- Do not miss this chance.
  이 기회를 놓치지 마세요.

Question

Please sell the product.
이 물건을 팔아보세요.

💬 브레인스토밍 & 필수 패턴 적용

① 인사	**It is my honor** 영광임
② 권유 문구	**the perfect product for you** 당신에게 완벽한 제품임
③ 장점1	**very soft and comfortable** 굉장히 푹신하고 편안함 want to sleep on it every night ◄• 50점+ 매일 저녁 이곳에서 자고 싶음
④ 장점2	**very pretty, and even on sale now** 매우 예쁘고 현재 세일 중임 want to show it off to all of your friends ◄• 50점+ 모든 친구들에게 자랑하고 싶음
⑤ 장점3/마무리	**do not miss this chance** 기회를 놓치면 안됨 with its durability and quality, it's the best bang for your buck ◄• 50점+ 내구성과 품질을 고려할 때, 가성비 최고임

💬 **모범 답변**

35점+

🔊 MP3 6_44

It is my honor to present to you **this comfortable sofa. If you're looking for a new sofa,** this is the perfect product for you. Let me tell you why. **First, it is very soft and comfortable. Second, it's very pretty, and it's even on sale now.** Do not miss this chance.

이 편안한 소파를 보여드리게 되어 영광입니다. 새로운 소파를 찾고 계신다면, 이 상품이 당신에게 완벽할 것입니다. 이유를 말씀드리겠습니다. 첫째로, 이 소파는 매우 푹신하고 편안합니다. 둘째로, 매우 예쁘고 현재 심지어 세일 중입니다. 이 기회를 놓치지 마세요.

필수 패턴

50점+

🔊 MP3 6_45

It is my honor to present to you the best **two seater sofa currently on the market.** If you are planning on **buying a new sofa,** today is your lucky day. It is so soft and comfortable that you will want to sleep on it every night. What's more, it's currently on sale, so you can get it at a reasonable price. Plus, it is very well designed. It is so pretty that you will want to show it off to all of your friends. Lastly, with its durability and quality, it's the best bang for your buck. So, do not miss this chance!

현재 판매 중인 최고의 2인용 소파를 보여드리게 되어 영광입니다. 새로운 소파를 구입할 계획이라면, 오늘이 바로 행운의 그 날입니다. 이 소파는 매우 푹신하고 편안해서 매일 저녁 이곳에서 잠들고 싶을 것입니다. 추가로 말씀드리면, 현재 이 상품은 세일 중이어서 합리적인 가격에 구매하실 수 있습니다. 또한, 디자인이 또한 매우 훌륭합니다. 아주 예뻐서 모든 친구들에게 자랑하고 싶을 정도일 것입니다. 마지막으로, 내구성과 품질을 고려할 때, 최고의 가성비를 자랑하는 상품입니다. 이 기회를 놓치지 마세요!

필수 패턴

어휘 honor to ~하게 되어 영광이다 comfortable 편안한 be looking for ~을 찾고 있다 perfect 완벽한, ~에 꼭 알맞은 on sale 세일하고 있는 present 보여주다 two seater 2인용 on the market 판매 중인, 시중에 나와 있는 what's more 더구나, 추가로, 게다가 at a reasonable price 합리적인 가격에 show something off to ~을 -에게 자랑하다 durability 내구성, 내구력 bang for your buck (들인 돈, 노력보다 큰) 효과, 가치, 가성비가 최고인

🔧 **송쌤의 꿀팁**

▶ 물건판매 시, 물건의 디자인이나 색상을 강조하고 싶을 때에는, look at its design, color 와 같은 문구를 문장 서두에 시작하며 소비자에게 어필하는 것도 좋은 방법입니다.

Please sell the product.
이 물건을 팔아보세요.

💬 브레인스토밍 & 필수 패턴 적용

① 인사	**I'm pleased** (물건을 소개할 수 있어서)기쁨
② 권유 문구	**the perfect product for you** 당신에게 최고의 상품임
③ 장점1	**easy to use - just insert a capsule and wait** 사용하기 쉬움 – 캡슐을 넣고 기다림
④ 장점2	**less time to brew coffee** 커피를 내리는 데 시간이 덜 걸림
⑤ 장점3/마무리	**do not miss this chance** 기회를 놓치면 안됨

35점⁺

I'm pleased to show this product to you. If you're looking for **a new coffee machine,** this is the perfect product for you. Let me tell you why. **First, it is easy to use because all you have to do is just insert a capsule and wait. Second, it is time saving.** Do not miss this chance!

이 상품을 보여드리게 되어 기쁩니다. 새로운 커피 머신을 찾고 계신다면, 이 상품이 당신에게 완벽할 것입니다. 이유를 말씀드리겠습니다. 첫째로, 캡슐을 넣고 기다리기만 하면 되기 때문에 이 상품은 사용하기 아주 편리합니다. 둘째로, 시간이 절약됩니다. 이 기회를 놓치지 마세요!

필수 패턴

50점⁺

Hi, I am pleased to show this fantastic product to you. If you are planning on **buying a new coffee machine,** today is your lucky day for the following reasons. **First, it is so simple and easy to use that you will not have to read the user manual. Second, it is time saving.** It takes less time to brew coffee compared to other products that are currently out in the market. This product is like no other, so do not miss your opportunity to take this wonderful product with you.

안녕하세요, 이 멋진 상품을 보여드리게 되어 기쁩니다. 새로운 커피 머신을 구매할 계획이라면, 다음과 같은 이유로 오늘이 행운의 그 날입니다. 첫째로, 사용 설명서를 읽지 않아도 될 만큼 사용하기 간단하고 쉽습니다. 둘째로, 시간이 절약됩니다. 시중에 판매 중인 다른 상품과 비교했을 때 커피를 내리는 데 시간이 덜 걸립니다. 다른 상품들과는 비교가 되지 않으니, 이 멋진 상품을 구매할 수 있는 기회를 놓치지 마세요.

필수 패턴

📘 **어휘** all you have to do is just ~하기만 하면 된다 insert 넣다, 삽입하다 time saving 시간 절약의, 시간을 절약해주는 fantastic 기막히게 좋은, 굉장한 brew coffee 커피를 내리다 opportunity 기회 wonderful 아주 멋진, 훌륭한

👆 **송쌤의 꿀팁**

▶ 물건판매 시, 시작하는 말을 I'm pleased(happy/lucky) to show A to you 등등과 같이 변경하여 실제로 물건을 판매할 때와 같이 활기차고 열정적인 감정으로 시작하는 것이 좋습니다.

▶ time-saving 은 시간을 절약해주는 의 뜻을 가진 형용사로 반대어는 time-consuming 시간 소모가 큰 입니다. 반드시 기억해주세요!

앞서 배운 내용을 활용하여 답변해 보세요.

Q **Please sell this product.**
이 물건을 팔아보세요.

_____

_____

_____

_____

_____

_____

💬 모범 답변

🔊 MP3 6_48

35점+

I'm happy to show this product to you. If you're looking for **a new cushion,** this is the perfect product for you. Let me tell you why. **First, it is well-designed and comfortable. Second, it's eco-friendly, so it's good for our environment.** Do not miss this chance.

이 상품을 보여드리게 되어 기쁩니다. 새로운 쿠션을 찾고 계신다면, 이 상품이 당신에게 완벽할 것입니다. 이유를 말씀 드리겠습니다. 첫째로, 디자인이 훌륭하며 편안합니다. 둘째로, 친환경적이기 때문에 환경에 도움이 됩니다. 이 기회를 놓치지 마세요.

필수 패턴

🔊 MP3 6_49

50점+

Hi, it is my pleasure to show this fantastic product to you. **If you are tired of looking at your old cushions, and want to spice up your home, I'd definitely recommend that you buy these new character cushions for the following reasons. First of all, it is so well-designed that it will blend well with other furniture at home or office. Second reason is that they are made from eco-friendly materials, so they save our environment.** This product is beyond compare, so don't let this opportunity pass you by.

안녕하세요, 이 멋진 상품을 보여드리게 되어 기쁩니다. 오래된 쿠션에 싫증이 나고 집의 분위기를 바꾸고 싶다면 다음과 같은 이유로 이 캐릭터 쿠션을 구매하시길 강력히 추천합니다. 첫째로, 디자인이 훌륭해서 집이나 사무실의 다른 가구들과 잘 어울릴 것입니다. 둘째로, 친환경적인 소재로 제작되었기 때문에 환경을 보호합니다. 다른 상품과는 비교가 안되기 때문에 이 기회를 그냥 지나치지 마세요.

필수 패턴 **핵심 내용**

📖 **어휘** well-designed 잘 설계된, 디자인이 훌륭한 eco-friendly 친환경적인, 환경 친화적인 environment 환경 be tired of ~에 싫증이 나다 spice up 더 좋아 보이도록 꾸미다, 분위기를 바꾸다 definitely 강력히, 분명히 recommend 추천하다 blend with ~와 조화를 이루다 be made from ~로 만들어지다 beyond compare 가장 좋은, 무엇과도 비교할 수 없을 만큼 pass you by (아무런 영향을 주지 않고) ~을 스쳐 지나가다

CHAPTER 7

실전
모의고사

⊘ Actual Test 1

⊘ Actual Test 2

Actual Test 1

Q1 개인질문
주말

Q2 지문 요약
스토리텔링

실전 모의고사 1

Q3 의견을 묻는 질문
법, 정책

Q4 그래프 묘사하기
바 그래프

Actual Test 2

Q1 개인질문
좋아하는 것

Q2 지문 요약
단순 요약

실전 모의고사 2

Q3 의견을 묻는 질문
사회, 문화

Q4 사진 설명하기
선호하는 것 고르기

Actual Test 1

🔊 MP3　7_1

Q1 What did you do during the weekend?
주말에 무엇을 했나요?

💬 **모범 답변**

35점+

🔊 MP3　7_2

During the weekend, I went shopping with my family. We go shopping at least once a month because it is a great way to spend time with each other. We went to the department store called Shinsegae because it is near my house. We bought some clothes and had delicious food. We had a great time!

주말 동안에 저는 가족과 함께 쇼핑을 다녀왔습니다. 함께 시간을 보내기 좋은 방법이기 때문에 우리 가족은 최소 한 달에 한 번은 쇼핑하러 갑니다. 집에서 가깝기 때문에 신세계 백화점에 다녀왔습니다. 옷을 구매했고 맛있는 음식도 먹었습니다. 우리는 좋은 시간을 보냈습니다!

추가 질문 🔊 MP3　7_3

Q How was your weekend?
주말 어땠나요?

Q What did you eat for breakfast this morning/for dinner last night?
오늘 아침/어제 저녁으로 뭘 먹었나요?

Q how did you spend your holiday?
당신의 휴일을 어떻게 보냈나요?

Q2 You will listen to the story twice. Please summarize it as much as you can.
이야기를 두 번 들려드리겠습니다. 할 수 있는 만큼 요약해 주세요.

Angela has been saving up money to attend graduate school, but now she is unsure of what to do. The company where she has been working is expanding and wants Angela to take a management position at its new office. The offer comes with a large pay increase and better benefits. Angela has always wanted to get a graduate degree, but she likes working for her company. If she accepts the position, she will have to put off school indefinitely. She might miss her chance to go. Her education is important, but she could also build a successful career with her company. She can't make up her mind. She doesn't know what to do.

안젤라는 대학원에 가기 위해 돈을 모아왔지만, 현재 그녀는 어떻게 해야 할지 모르는 상태입니다. 그녀가 재직 중인 회사가 확장을 할 예정이고, 새로운 사무실에서 안젤라가 관리자 역할을 맡아주길 원하고 있습니다. 이러한 제안은 높은 임금 인상과 더 나은 혜택을 가져옵니다. 안젤라는 항상 대학원 학위 수여를 원했지만, 그녀의 회사를 위해 일하는 것도 좋아합니다. 그녀가 이 직책을 받아들인다면, 대학원은 무기한으로 연기될 것입니다. 대학원을 갈 기회를 놓칠 수도 있습니다. 그녀의 학력도 중요하지만, 회사에서는 성공적인 커리어를 쌓아갈 수 있습니다. 그녀는 결정을 내릴 수가 없습니다. 무엇을 해야 할지 모르겠습니다.

💬 모범 답변

🔊 MP3 7_5

35점+

Angela works at a company and she has been saving up money to go to graduate school. The company where she works is expanding and wants Angela to take a management position. If she takes the offer, her pay will increase but she will have to put off graduate school. She doesn't know what to do.

안젤라는 한 회사에 재직 중이고 대학원을 위해 돈을 모아왔습니다. 그녀가 재직 중인 회사는 확장을 할 예정이고 그녀가 관리자 역할을 맡아주길 원하고 있습니다. 그녀가 이 제안을 받아들인다면, 그녀의 임금은 인상되겠지만 대학원 진학을 연기해야 합니다. 그녀는 무엇을 해야 할지 모르겠습니다.

어휘 save up 돈을 모으다 graduate school 대학원 unsure 확신이 없는 expand (사업을) 확장하다 management position 관리 직위 pay increase 임금 인상 indefinitely 무기한으로 make up one's mind ~하기로 결심하다

Q3 What do you think of the government control of the media?
정부가 미디어를 통제하는 것에 대해 어떻게 생각하나요?

💬 모범 답변

35점⁺ MP3 7_7

I think the government should never control the media for a couple of reasons. First, everyone has the right to express his or her opinions. If the government starts controlling everyone's opinion, then it is breaking the law. Also, if the government controls the media and does not provide all the information to its citizens, people will not be able to make wise decisions.

저는 몇 가지 이유로 정부가 미디어를 통제해서는 절대 안 된다고 생각합니다. 첫째로, 모든 사람은 그/그녀의 의견을 표현할 권리가 있습니다. 정부가 모든 사람들의 의견을 통제하기 시작한다면, 이는 법을 어기는 것입니다. 또한, 정부가 미디어를 통제하고 모든 정보를 국민들에게 제공하지 않는다면, 사람들은 현명한 결정을 내릴 수 없을 것입니다.

어휘 control 통제, 지배 right 권리 express 표현하다 break (법, 약속을) 어기다 citizen 시민

추가 질문 MP3 7_8

Q What do you think is the role of the media?
미디어의 역할은 뭐라고 생각하나요?

Q What are some advantages and disadvantages of the media?
미디어의 장.단점은 무엇인가요?

Q How do you think the media has affected people's lives?
미디어가 사람들의 생활에 어떤 영향을 주었다고 생각하나요?

Q What are some pros and cons of the government control the media?
정부가 언론을 통제하는 것에 대한 장단점은 무엇인가요?

Q4 Please describe the graph.
그래프를 묘사하세요.

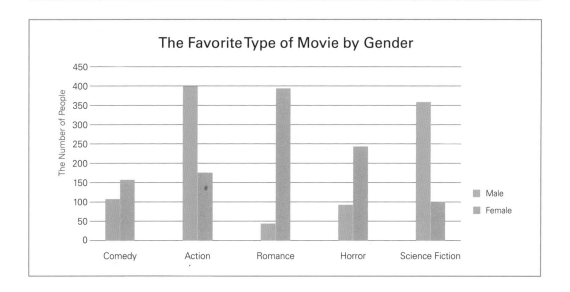

The Favorite Type of Movie by Gender

모범 답변

35점+

This is a bar graph about the favorite type of movie by gender. The vertical axis represents the number of people, and the horizontal axis represents different genres. According to the graph, male participants preferred the action genre the most, and it is followed by science fiction. On the other hand, female participants preferred romance the most. For females, science fiction placed last out of all genres.

이것은 성별에 따른 가장 좋아하는 영화 종류를 나타내는 바 그래프입니다. 세로축은 응답자 수를 의미하며, 가로축은 다양한 장르를 나타냅니다. 그래프에 따르면 남성 응답자들은 액션 장르를 가장 선호했으며, 그 뒤를 공상 과학 소설 영화가 이어갔습니다. 이에 반해, 여성 응답자들은 로맨스 영화를 가장 선호했습니다. 여성들에게 있어 공상 과학 소설 영화는 모든 영화 장르 중 가장 마지막 순위로 꼽혔습니다.

어휘 genre 장르 science fiction 공상 과학 소설(SF영화)

Actual Test 2

🔊 MP3 7_11

Q1 What is your favorite website?
가장 좋아하는 웹사이트는 무엇인가요?

💬 모범 답변

50점+

🔊 MP3 7_12

My favorite website is Naver for a couple of reasons. First of all, it is a Korean web portal and it offers various online services such as shopping, webtoons, news, and much more. Next, I like to stay up-to-date by reading news articles. In this regard, Naver is the best website because it offers plenty of news articles from different news companies so I can stay informed and form my own opinion about events. These are the reasons that Naver is my favorite website.

몇가지 이유로 제가 가장 좋아하는 웹사이트는 네이버입니다. 첫째로, 한국의 포털 사이트인 네이버는 쇼핑, 웹툰, 뉴스 등의 다양한 온라인 서비스를 제공합니다. 다음으로, 저는 가장 최신의 뉴스 기사를 읽는 것을 좋아합니다. 이를 고려할 때, 네이버는 최고의 웹사이트입니다. 제가 정보를 얻고 사건들에 대한 의견을 정립할 수 있도록 다양한 뉴스 회사들의 아주 많은 뉴스 기사를 제공하기 때문입니다. 이러한 점들이 네이버가 제가 가장 좋아하는 웹사이트인 이유입니다.

📕 **어휘** web portal 포털 사이트 up-to-date 최신의 in this regard 이 점에 있어서는 plenty of 많은
stay informed 정보나 내용을 알다, 얻다 form 형성시키다

Q2

You'll listen to the article twice. Please summarize it as much as you can.
지문을 두 번 들려드리겠습니다. 할 수 있는 만큼 요약해 주세요.

Though you might think stress is just a part of modern life, it could be causing various health problems. If you frequently suffer from headaches, have difficulty falling asleep, or always feel tired at work, then stress could be the reason. Stress affects both your body and mind in numerous ways that range from physical ailments to behavioral changes. Luckily, learning how to recognize these conditions as symptoms of stress is the first step in dealing with them. And, since stress can lead to serious health issues such as high blood pressure, heart disease, obesity, and diabetes, it's important to try to manage it. Daily exercise, meditation, hobbies, and time with family and friends are all effective methods for reducing the stress you feel. Along with those activities, maintain a healthy lifestyle by getting enough sleep every night and eating a balanced diet.

스트레스가 그저 현대 사회의 일부라고 생각할 수도 있지만, 스트레스는 다양한 건강 문제를 야기할 수 있습니다. 만약 두통을 자주 겪거나, 잠드는 데 어려움을 겪거나, 근무 중 항상 피곤하다고 느낀다면 스트레스가 그 원인일 수 있습니다. 스트레스는 신체적 질병부터 행동의 변화에 이르기까지 여러 면에서 당신의 신체와 정신에 영향을 줍니다. 다행히도, 이러한 건강 상태가 스트레스의 증상임을 알아차리는 법을 배우는 것이 문제를 해결하는 첫 단계입니다. 또한, 스트레스는 고혈압, 심장병, 비만, 당뇨의 심각한 건강 문제를 불러올 수 있기 때문에 스트레스를 잘 관리하는 것이 중요합니다. 매일의 운동, 명상, 취미 활동, 그리고 가족이나 친구들과 보내는 시간은 모두 당신이 느끼는 스트레스를 감소시키는 데 효과적인 방법으로 작용합니다. 이러한 활동과 함께, 매일 밤 충분한 수면과 균형잡힌 식사로 건강한 생활 습관을 유지하세요.

💬 모범 답변

50점+

Stress is more than just a part of modern life, and it could be causing many health problems. If you suffer from headaches, have difficulty falling asleep, or feel tired, then stress could be the reason. Stress can cause physical illnesses and behavioral changes. In order to deal with stress, you first need to learn how to recognize the symptoms of stress. Also, it is important to manage stress because it can cause serious health problems such as high blood pressure, heart disease, obesity, and diabetes. You can reduce the stress by exercising, meditating, or spending time with family and friends. Also, it is important to sleep well and eat healthy.

스트레스는 현대 사회의 일부라기보다는 그 이상이며, 다양한 건강 문제를 야기할 수 있습니다. 두통을 자주 겪거나, 잠드는 데 어려움을 겪거나, 피곤하다고 느낀다면 스트레스가 그 원인일 수 있습니다. 스트레스는 신체적인 질병과 행동의 변화를 불러올 수 있습니다. 스트레스를 해결하기 위해선 먼저 스트레스의 증상들을 알아차리는 법을 배워야 합니다. 또한, 고혈압, 심장병, 비만, 당뇨 등의 심각한 건강 문제를 야기할 수 있기 때문에 스트레스를 관리하는 것은 중요합니다. 운동, 명상, 혹은 가족이나 친구와 시간을 보내며 스트레스를 줄일 수 있습니다. 또한, 숙면과 건강한 식습관도 중요합니다.

📖 **어휘** **modern life** 현대 사회 **frequently** 자주, 흔히 **suffer** 시달리다, 고통받다 **headache** 두통 **fall asleep** 잠들다 **numerous** 많은 **range from A to B** (범위가) A에서 B까지 **ailment** 질병 **behavioral** 행동의 **deal with** 다루다, 처리하다 **high blood pressure** 고혈압 **heart disease** 심장병 **obesity** 비만 **diabetes** 당뇨병

Q3 How has your country's corporate culture changed over the past few years?
지난 몇 년간 당신 나라의 기업 문화는 어떻게 변화했나요?

💬 모범 답변

50점+

South Korea's corporate culture has changed significantly over the past few years, and is still undergoing changes. The biggest change can be seen from the way employees work at companies. In the past, working till late was considered a virtue because the culture was driven by appearances and working late was seen as working hard. However, times have changed and people don't work that way anymore. Employees are now evaluated by productivity and efficiency, and working late is considered inefficient these days. Also, the hierarchical culture in Korean companies has changed significantly. Work culture in Korea used to be very strict and demanded complete obedience. Whereas the hierarchy used to be vertical and demanded total obedience in the past, it is now horizontal and employees can express their opinion freely.

지난 몇 년간 한국의 기업 문화는 매우 많이 변화했고, 아직도 변화하고 있습니다. 가장 큰 변화는 직원들이 회사에서 일하는 방식에서 찾을 수 있습니다. 과거에는 늦게까지 야근을 하는 것이 미덕으로 여겨졌는데, 한국의 문화가 겉으로 보이는 것에 크게 영향을 받았고 늦은 야근이 열심히 일을 하는 것으로 생각되었기 때문입니다. 하지만, 시대가 변했고 사람들은 더 이상 그렇게 일하지 않습니다. 이제 직원들은 생산성과 효율성으로 평가를 받고, 요즘은 늦게까지 일을 하는 것이 효율적이지 못한 것으로 여겨집니다. 또한, 한국 회사의 위계 문화가 상당히 변화했습니다. 한국의 근무 문화는 매우 엄격했고, 완전한 순종을 요구했습니다. 과거 계급 체계가 수직적이었고 완전한 순종을 요구했다면, 오늘날에는 수평적이고 직원들이 그들의 의견을 자유롭게 표현할 수 있습니다.

 어휘 corporate culture 기업 문화 significantly 상당히 undergo (변화 등을) 겪다 be driven 이끌리다, 몰리다 appearance 겉모습 evaluate 평가하다 productivity 생산성 efficiency 효율성 inefficient 비효율적인 hierarchical 계급에 따른 strict 엄격한 demand 요구하다 obedience 순종, 복종 vertical 수직적인 horizontal 수평적인 freely 자유롭게

추가질문 🔊 MP3 7_17

Q Are you satisfied with your company's culture?
당신 회사의 문화에 만족하시나요?

Q What are some good and bad parts of your company's culture?
당신 회사 문화의 좋은 부분과 나쁜 부분은 무엇인가요?

Q4   Which of the following pictures depict the most dangerous situation?
다음의 사진 중 가장 위험한 상황을 묘사하는 것은 어느 것인가요?

💬 모범 답변

50점+   MP3 7_19

In my opinion, talking on the phone while driving is the most dangerous situation of all. There are a couple of reasons why I think this way. First, our brains are not designed to multitask. What I mean is that we cannot focus on more than one thing at the same time. When we talk on the phone while we drive, it takes focus off the road and can lead to accidents or injuries. Second, according to a study, more than 90% of car accidents are caused by driver error, and cellphones are involved in most of those accidents. This statistical data proves how dangerous it is to talk on the phone while driving.

모든 사진 중 운전을 하며 전화를 하는 것이 가장 위험한 것 같다고 생각합니다. 이렇게 생각하는 데는 몇 가지 이유가 있습니다. 첫째로, 우리의 두뇌는 멀티테스킹을 하도록 설계되지 않았습니다. 제가 의미하는 바는 우리가 동시에 한 가지 이상의 것에 집중할 수 없다는 점입니다. 우리가 운전을 하며 전화 통화를 하면, 이것은 도로에 집중하는 것을 방해하고 사고나 상해로 이어질 수 있습니다. 둘째로, 연구에 따르면 90%가 넘는 교통 사고가 운전자의 실수로 발생하고, 이러한 사고의 대부분이 휴대폰 사용과 관련이 있다고 합니다. 이러한 통계적 수치가 운전 중 전화 통화를 하는 것이 얼마나 위험한 것인지를 보여줍니다.

 어휘 dangerous 위험한 be designed to ~하도록 설계되다, 제작되다 multitask 멀티테스킹을 하다, 다중작업을 하다 at the same time 동시에 accident 사고 injury 부상, 상처 driver error 운전자 실수 statistical 통계적인 prove 입증하다

시원스쿨LAB 강사 라인업

20년 노하우의 토익/토스/오픽/지텔프/텝스/아이엘츠/토플/SPA/듀오링고
기출 빅데이터 심층 연구로 빠르고 효율적인 목표 점수 달성을 보장합니다.

시험영어 전문 연구 조직

시원스쿨어학연구소

 시험영어 전문

 기출 빅데이터

 264,000시간

TOEIC/TOEIC Speaking/
TEPS/OPIC/G-TELP/IELTS/
TOEFL/SPA/Duolingo
공인 영어시험 콘텐츠 개발 경력
20년 이상의 국내외 연구원들이 포진한
전문적인 연구 조직입니다.

본 연구소 연구원들은
매월 각 전문 분야의 시험에 응시해
시험에 나온 모든 문제를 철저하게
해부하고, 시험별 기출문제 빅데이터
분석을 통해 단기 고득점을 위한
학습 솔루션을 개발 중입니다.

각 분야 연구원들의 연구시간
모두 합쳐 264,000시간
이 모든 시간이 쌓여
시원스쿨어학연구소가
탄생했습니다.

7 시원스쿨 SPA

현 대 · 기 아 자 동 차 그 룹 **입사·승진** 대비

일 완성

저자 직강

시원스쿨 SPA
대표강사 **송지원**

전 현대그룹사 SPA강사
전 현대그룹사 영어면접관

응시료 부담없이
험에만 집중하도록
응시료 반값 지원!

현대그룹사 강사 출신!
기출 포인트를 바탕으로
차별화된 전략 제공

어렵고 복잡한 문장이 아닌
쉬운 표현과 패턴으로
모범답안 구성! 누구나
50점 이상 획득 가능

시원스쿨LAB(lab.siwonschool.com)에서 송지원선생님의 SPA 유료강의와
시원스쿨 SPA 7일 완성 패키지를 구매하실 수 있습니다.

히트브랜드 토익·토스·오픽 인강 1위
시원스쿨LAB 교재 라인업
*2020-2024 5년 연속 히트브랜드대상 1위 토익·토스·오픽 인강

시원스쿨 토익 교재 시리즈

	왕초보 입문	650+ 기본	750+ 중급	850+ 정규	950+ 실전
기본서 보카 실전모의고사	시원스쿨 처음토익 550+ · 시원스쿨 처음토익 기출 VOCA	시원스쿨 기본토익 700+ · 시원스쿨 토익 750+		시원스쿨 실전토익 900+ · 시원스쿨 토익 실전 모의고사	시원스쿨 토익 실전 1500제 LC / RC
전략서	시원스쿨 구문 독해 · 시원스쿨 처음토익 기초영문법 · 시원스쿨 처음토익 PART 7	승무원 토익 700+ · 기출 문법 공식 119 · Part 7 필수 전략서 · 토익 기본서 압축노트 RC+LC		시원스쿨 토익 기출VOCA 학습지 · 시원스쿨 토익학습지 기본편 · 시원스쿨 토익학습지 실전편	

시원스쿨 토익스피킹, 듀오링고, 오픽, SPA 교재 시리즈

10가지 문법으로 시작하는 토익스피킹 기초영문법	28시간에 끝내는 토익스피킹 START	5일 만에 끝내는 토익스피킹	15개 템플릿으로 끝내는 토익스피킹	시원스쿨 토익스피킹 IM - AL	시원스쿨 토익스피킹 실전 모의고사	시원스쿨 토익스피킹 학습지	Duolingo English Test 개정판	Duolingo English Test 실전모의고사	Duolingo English Test 영문판	Duolingo English Test 기출 보카
시원스쿨 빅오픽 START	시원스쿨 빅오픽 IM-IH	시원스쿨 오픽 IM-AL	시원스쿨 오픽 실전 모의고사	멀티캠퍼스X시원스쿨 오픽 찐짜학습지 IM 실전	멀티캠퍼스X시원스쿨 오픽 찐짜학습지 IH 실전	멀티캠퍼스X시원스쿨 오픽 찐짜학습지 AL 실전	시원스쿨 오픽학습지 실전전략편 IH-AL	OPIc All in one PACKAGE IM-AL	시원스쿨 SPA	시원스쿨 SPA 실전 모의고사

시원스쿨 아이엘츠 교재 시리즈 · 시원스쿨 토플 교재 시리즈

IELTS Study Pack	아이엘츠 MASTER	아이엘츠 기출 VOCA	시원스쿨 TOEFL Basic	시원스쿨 TOEFL Intermediate	시원스쿨 TOEFL Actual Tests	시원스쿨 TOEFL 기출 VOCA	시원스쿨 TOEFL Speaking	시원스쿨 TOEFL Writing	시원스쿨 TOEFL Listening	시원스쿨 TOEFL Reading

시원스쿨 지텔프 교재 시리즈 · 시원스쿨 텝스 교재 시리즈

지텔프 기출문제집 공식 기출 7회분	지텔프 기출문법	지텔프 기출VOCA	지텔프 기출독해	지텔프 기출청취	지텔프 최신 기출 유형 문법 모의고사	시원스쿨 지텔프 32-50	시원스쿨 지텔프 65+	시원스쿨 텝스 Basic	시원스쿨 텝스 청해	시원스쿨 텝스 어휘·문법	시원스쿨 텝스 독해	뉴텝스 서울대 공식 기출문제집

시험장에 들고 가는 1분 전 check-point!

PART 1 개인 질문

일상 루틴	회사	• When I get to work, I first turn on my computer and check my email. • The last thing I do before I get off work is to turn off my computer to get ready to go home.
	통근	• The shuttle stop is close to my house, so it's very convenient to commute to work.
좋아하는 것	여행	• I easily get sick from food poisoning when I go on a trip to different places, so I don't forget to bring medicine.
	영화	• I like comedies the most. Watching comedies together is one of the best ways to create a closer family bond.
	음식	• I like Korean food the most. • I am the type of person who enjoys spicy food and Korean food is well-known for its spiciness.
	장소	• There are many things that I like in my room.
하는 일	건강 유지	• There are a couple of things I make sure to do in order to stay healthy. • I try to eat healthy.
	스트레스 해소	• Having a conversation with them makes me feel better.
	관계유지	• Having a good relationship with co-workers is essential.
과거의 일	날씨의 영향	• I was supposed to go on a business trip. • My flight ended up being delayed, and it had a negative effect on the deal.
	최악의 경험	• That was the worst trip experience I've ever had.
	주말	• My family and I went to a park. It doesn't sound that special, but I felt grateful for being able to spend quality time with my family.
가정해보기	사회	• If I won the lottery, I would feel very happy.
	휴가	• I would like to go to Jeju Island because Jeju Island is one of the most popular tourist destinations in Korea.
	정책	• If I could, I would change the Korean education system.

◂ ◂ 절취선을 따라 뜯어서 사용하세요.

서론

- ☐ This story(passage) is about _____ .
- ☐ This is a story(passage) about _____ .
- ☐ This story/passage is about wh-words 주어 + 동사 ~ .
  * wh-words: who, where, when, what, why, how 같은 단어들

본론

- ☐ According to the story(article), 주어+동사~ .
- ☐ Based on what I heard, 주어+동사~ .
- ☐ Based on what I heard, ⟨ A ⟩ has a positive(negative/huge) effect(impact) on ⟨ B ⟩ .
- ☐ I don't know if I heard it right, 주어+동사~.
- ☐ I can't be sure if I heard it right, but it also said 주어 + 동사 ~ .
- ☐ I guess the reason why 주어 1 + 동사 1 ~ is because 주어 2 + 동사 2~ .

결론

- ☐ As far as I heard, it is concluded that 주어 + 동사 ~ .
- ☐ This is pretty much everything that I've heard.

직장

- ☐ Employees should have the freedom of choosing what to wear. 복장
- ☐ There is a close association between one's relationship with coworkers and achievement. 사람 관계
- ☐ There is no denying that money is the most important driving force that makes people work.
  직원의 동기부여

테크놀로지/의사소통

- ☐ To talk about the benefits first, people can get information easily thanks to the internet. 기술의 영향
- ☐ The internet allows people to communicate with each other digitally. 의사소통 방식
- ☐ It is essential technology for busy people like me. 최신기술

사회/문화

- ☐ We have to wait until the oldest person at the table starts eating. 식사 예절
- ☐ Over the past few decades, gender roles in the household have changed so much in Korea.
  성 역할의 변화
- ☐ Sharing food is one of the best ways to say hello to new neighbors for the first time. 음식나누는 문화

법/환경 정책

- ☐ Banning smoking in public places is a good idea. 금연정책
- ☐ I believe there is a close relationship between environmental damage and technological advancements. 환경과 기술
- ☐ Drunk driving can lead to car accidents which can be fatal. 음주운전

선호도

- ☐ Direct feedback is clearer and the listener will understand the meaning better. 의사소통방식
- ☐ Using credit cards is way better when it comes to portability. 지불방식
- ☐ I love spending a lot of time with my family members because it makes us get closer. 삶의방식

찬성, 반대/장, 단점

- ☐ It's obvious that the culture and the language are closely associated with each other, but it's costly.
  해외유학
- ☐ Companies can save money and time, but there could be distractions at home. 재택근무
- ☐ People can take classes anywhere at any time, but they tend not to try hard because it's cheap.
  온라인 강의

그래프

- ☐ This is a bar/pie/line graph about 주제(제목).
- ☐ It was surveyed among 인원(사람 수).
- ☐ The vertical/horizontal axis represents _____ . 바 그래프
- ☐ Each portion represents [A] . (파이 그래프)
- ☐ [A] showed the highest(lowest) [B] . 선 그래프
- ☐ The biggest jump(drop) was from [A] to [B] . 선 그래프
- ☐ [A] placed first/last. 선 그래프
- ☐ [A] is followed by [B] . 선 그래프
- ☐ From the graph, it can be seen that 주어+동사. 선 그래프

사진 묘사

- ☐ This is a picture of a(an) 장소. 장소
- ☐ There is/are [I see] [A] 동사ing. 중심 대상
- ☐ There is/are [I see] [A] 동사p.p. 주변 대상
- ☐ Overall, it seems like 주어 동사 is 동사ing. 전체적인 느낌

물건 판매

- ☐ Thanks for giving me the chance to introduce [A] to you. 소개 인사
- ☐ If you're looking for [A] (to 동사), this is the perfect product for you. 권유 문구
- ☐ It is 형용사 to 동사. 이유
- ☐ Do not hesitate to buy this product. 마무리